Hartmann | Vergesst Kant!

[Was bedeutet das alles?]

Tina Hartmann

Vergesst Kant!

Was war und ist Aufklärung wirklich?

Reclam

2. Auflage

RECLAMS UNIVERSAL-BIBLIOTHEK Nr. 14590
2024 Philipp Reclam jun. Verlag GmbH,
Siemensstraße 32, 71254 Ditzingen
Gestaltung: Cornelia Feyll, Friedrich Forssman
Druck und Bindung: Esser printSolutions GmbH,
Untere Sonnenstraße 5, 84030 Ergolding
Printed in Germany 2025

ISBN 978-3-15-014590-6

www.reclam.de | info@reclam.de

Inhalt

1. Aufklärung *heute*?

Kaum etwas scheint zu Immanuel Kants 300. Geburtstag ferner zu liegen als das Zeitalter der Aufklärung. Im Schatten der Covid-19-Pandemie haben weltweit die Gewalt und Ausbeutung von Frauen und Mädchen zugenommen, in Osteuropa überzieht ein Diktator sein Nachbarland mit Kriegsverbrechen, und seit dem Überfall der Hamas auf Israel schlagen Wellen des Antijudaismus, Antisemitismus und Antizionismus über uns zusammen. Es ist just der aufgeklärte, als ›woke‹ bezeichnete oder verunglimpfte Teil der Welt, der zwischen Israels Recht auf Selbstverteidigung und der Solidarität mit der Zivilbevölkerung in Gaza zerrissen wird. Längst haben rechte Kräfte, wie der Trumpismus in den USA oder AfD und CDU/CSU in Deutschland, die Chance ergriffen, unter dem Deckmantel von Philosemitismus und Israelfreundschaft gegen linke Bürgerrechts- und Umweltgruppierungen und eine postkolonial orientierte Wissenschaft zu Felde zu ziehen, die die westlichen Gesellschaften einem überfälligen Antirassismustraining unterziehen.

Was rechte und reaktionäre Kräfte antreibt, ist aber keineswegs die Liebe zu einem demokratischen Israel oder zu jüdischen Menschen. Neben der ungehinderten Zerstörung der Umwelt streben sie den Rückbau der liberaldemokratischen Gesellschaft an. Rechte Gruppierungen haben ungeachtet ihrer jeweiligen säkularen oder theologischen Oberfläche global betrachtet erschreckend einheitliche Ziele: Sie setzen sich ein für die patriarchale Vorherrschaft, gegen das Recht der Frau auf Schwangerschaftsabbruch, gegen weibliche Selbstbestimmung, Transmenschen und gleichgeschlechtliche Sexualität, sie fordern Straffreiheit für Vergewaltigung und Femizid, eine theokratische Orientierung des Staates und dessen Abschottung gegen Migration bis hin zu den wahnsinnigen Gedankenspielen einer mit dem Euphemismus ›Remigration‹ verbrämten Deportation von Menschen mit deutscher Staatsbürgerschaft.

Vor allem in Deutschland besteht die reaktionäre Strategie darin, die großen Ziele in kleine Aktionen zu verpacken, die medienwirksam als »Bürgernähe« und als Einspruch gegen die angebliche Bevormundung linker akademischer »Eliten« ausgeflaggt werden. Als Deckmäntelchen für die von rechten Kräften im Umfeld diverser Lebensschutzvereine und der Werte-Union der CDU angestrebte Einschränkung von Reproduktionsrechten fungiert der Protest gegen das sogenannte Gendern. Beginnend mit Sachsen haben seit Mai 2023 rechtskonservativ regierte Kommunen und Bundesländer gendergerechte Sprache in Behörden sowie Schulen untersagt und streben deren Verbot an Hochschulen und in den Medien an. Angeblich, um nachrückenden Generationen die Rechtschreibung zu erleichtern. Tatsächlich ist die Benutzung von Genderzeichen kinderleicht im Vergleich zu vielen anderen Rechtschreibregeln der deutschen Sprache. Die Genderverbote in Schulen und Medien zielen daher nicht auf die schulische Entlastung junger Menschen, sondern darauf, dass in deren Welt allein das Männliche das Sagen hat.

Was hat das mit der historischen Aufklärung zu tun? Die Erkenntnis, dass die androzentrische, also auf das Männliche zentrierte Welt maßgeblich vom generischen Maskulinum gesichert wird, formulierten Autorinnen bereits im

18. Jahrhundert. Sie, nicht erst die Feministinnen der 1980er Jahre, erfanden das Gendern.

Das Patriarchat ist undenkbar ohne Binarität, also das Denken in zwei gegensätzlichen geschlechtlichen Kategorien. Unsere von der (rosa oder himmelblau dekorierten) Wiege bis zur Bahre zweigeteilte Produktwelt verdeckt, dass die Aufteilung der meisten – bei weitem nicht aller – Lebewesen in mehr oder minder zwei Geschlechter nur bei Schwangerschaft und Geburt eine Rolle spielt, aber weder beim Sex noch im Sozialleben. Die aktuelle Paläontologie, Archäologie und Ethnologie zeigen, dass Menschen während etwa 90 Prozent der belegbaren kulturellen Menschheitsgeschichte der vergangenen 40 000 Jahre ohne diese Binarität auskamen, dass überdies in steinzeitlichen Gesellschaften alle Geschlechter jagten und dieselbe Nahrung zu sich nahmen. Erst mit der neolithischen Revolution, der Sesshaftwerdung, Viehzucht und Staatenbildung begann diese Egalität sehr langsam zu kippen. Über einen Zeitraum von 2500 Jahren entstand die Herrschaft eines Geschlechts über das andere, die sich schließlich auch sprachlich artikulierte. Das in indoeuropäischen Sprachen ab ca. 2000 v. Chr. entwickelte Femininum verortet weibliche Wesen als Halbmenschen zwischen Maskulinum (Mann) und Neutrum (Ding). Der herrschende Mann beansprucht in vielen Sprachen der Welt den Begriff ›Mensch‹ für sich allein; das gilt etwa für *man/men* im Englischen oder *homme* im Französischen. Beim lateinischen *homo* lässt sich sogar beobachten, wie es über die Jahrhunderte seine geschlechtsübergreifende Bedeutung verlor. Heute gibt es in den meisten europäischen Sprachen kein »Tertium« wie das deutsche ›Mensch‹ mehr.

Das antike Athen zementierte die Trennung der Geschlechter philosophisch. Nach Platon und Aristoteles steht die Frau als ›Physis‹, als körperliches Prinzip, den männlichen Prinzipien von Geist und Gesetz diametral gegenüber. Der patriarchale Gebärneid definierte die lebendigen weiblichen Werke als minderwertig, weil sterblich, und setzte dagegen das Konzept eines männlichen geistigen Gebärens, das Unsterbliches schaffe. Vielleicht verzichteten Autorinnen und Autoren der Aufklärung deshalb darauf, Frauen körperlich aufzuwerten. Stattdessen setzten sie auf das Konzept einer sozialen, geistigen und emotionalen Nonbinarität. Auch wenn dieser Begriff im 18. Jahrhundert nicht verwendet wurde, lassen sich ihre Überlegungen auf aktuelle Diskussionen um das Verhältnis von biologischen, psychologischen und gesellschaftlichen Komponenten der Nonbinarität übertragen.

Die Abwertung des Weiblichen liefert die Grundformel für alle folgenden Abwertungen von Menschengruppen, sogar, wenn sie Männer einschließen. Antijudaismus, Rassismus, Islamophobie und Antisemitismus sprechen gemischtgeschlechtlichen Gruppen, die sie abwerten, stets angeblich weibliche Eigenschaften zu, indem sie ihnen etwa mangelnden Geist, dafür gesteigerte Körperlichkeit und Sexualität unterstellen. Mittelalterliche Quellen lassen jüdische Männer menstruieren, *Hexenhammer* und antijüdische Hetzschriften schrieben voneinander ab, bis zu Otto Weiningers *Geschlecht und Charakter* (1903), dem traurigen Höhepunkt einer internalisierten gemeinsamen Abwertung von Weiblichkeit und Jüdischsein. Dieser gigantische philosophisch-pseudonaturwissenschaftliche Aufwand diente und dient einem relativ simplen Zweck: Nur der weiße

Mann ist im Vollbesitz menschlicher geistiger Potenz. Da der Geist über den Körper herrschen soll, kommt nur er in den Genuss von Rechten, alle anderen Menschen bleiben unmündig.

Mit entsprechend harten Bandagen wurde und wird um die Frage gerungen, ob alle Menschen gleichermaßen in der Lage sind, geistige Fähigkeiten auszubilden, und folglich in den Genuss gleicher Chancen und Rechte kommen müssen. Der Schlüssel zur Gleichheit aller Menschen ist für das 18. Jahrhundert weder Herkunft noch – das ist heute schwer vorstellbar – ein demokratisches politisches System. Er ist die Bildung. Sie ist der zentrale Begriff, dem die Aufklärung mit fast religiösem Pathos huldigte. Die Epoche produzierte Reformpädagogiken und Bildungsexperimente in Serie, auf Papier wie in der Realität. Darunter waren auch pragmatische Ansätze wie der der Francke'schen Stiftungen in Halle, die Waisenkindern beiderlei Geschlechts eine Grund- und Berufsausbildung verschafften.

Auch wenn die Bildungsfähigkeit der Frau im Zentrum der Aufklärungsdebatten steht, das schillerndste Beispiel einer intellektuellen Karriere liefert zweifellos das Leben des ersten afrodeutschen Universitätsdozenten Anton Wilhelm Amo. Anton Ulrich von Braunschweig und Lüneburg – übrigens ein vielgelesener Romanschriftsteller – und sein ebenfalls der Aufklärung zuneigender Sohn August Wilhelm erhielten den Jungen aus dem heutigen Ghana 1707 im Alter von etwa fünf Jahren ›geschenkt‹. Doch statt ihn – wie zeitgenössisch üblich – als exotischen schwarzen Kinderdiener zu missbrauchen, ließen sie ihm die beste Ausbildung zukommen, die im deutschen Sprachraum zu haben war. Dahinter stand kein »menschenverachtende[s]

Experiment[...]«,[1] sondern das genaue Gegenteil: der erfolgreiche Beweis, dass jeder schwarze Sklave bei entsprechender Förderung mit den hellsten Köpfen des Landes und bald des deutschen Sprachraumes mithalten konnte. Dass Amo kein afrodeutscher Kant wurde, lag weder an einem Mangel an originellen Ideen – auch Kant verfasste seine kanonischen Schriften erst aus der Sicherheit einer Professur heraus – noch am deutschen Rassismus um 1750. Seine beiden Förderer verstarben vielmehr ohne Nachkommen – August Wilhelm bevorzugte ziemlich offen Männer –, ehe Amo eine gesicherte berufliche und/oder familiäre Position erreichen konnte.

Erst Kant formte die Philosophie zu einer akademischen Disziplin. Bis dahin war sie eine Art Studium generale gewesen, untrennbar mit der Literatur verbunden. Platons Schriften lassen sich wahlweise als Traktate oder Poesie lesen, und in dieser Tradition verhandelte die Aufklärung ihre Themen vorzugsweise in Dialogformen wie dem Brief oder Gespräch, wobei im Idealfall beide Seiten so kluge Argumente vorbringen, dass die Lesenden bis zum Schluss intellektuell gefordert sind bei der Entscheidung, welcher Seite sie zustimmen. Als Literatur stand Philosophie damit, in Gotthold Ephraim Lessings Worten, dem »denkenden Kopf« offen. Dass ein solcher auch auf einem weiblichen Körper sitzen konnte – über körperlich nonbinäre Menschen im 18. Jahrhundert wissen wir leider sehr wenig –, reflektierten viele Autoren, und Autorinnen bewegten sich zunehmend selbstbewusst im Feld der philosophischen Literatur. Das Projekt der Aufklärung war keine reine Männersache, sondern Frauen trugen in nie dagewesenem Maß dazu bei.

Sie und egalitär denkende Männer formulierten dabei Ideen einer *anderen* Aufklärung. Warum diese heute fast nur Expert:innen bekannt ist, wird im Folgenden ebenso zu fragen sein wie, wodurch sie sich auszeichnet. Auch wenn Stellung und Rechte weiblicher Menschen eine zentrale Rolle spielen, greift der Begriff ›feministische Aufklärung‹ zu kurz, ganz unabhängig davon, ob die im 18. Jahrhundert vorgelegten Konzepte heutigen Positionen im Feminismus entsprechen. Auf berückende Weise aber erkennen sie die Verbindung von misogyner, kolonialistischer, antijüdischer und rassistischer Unterdrückung und entwerfen dagegen die Forderung *universaler* Rechte. Daher bietet sich sowohl der Begriff der ›nonbinären‹ wie der der ›egalitären‹ Aufklärung an, und beide werden im Folgenden wechselweise gebraucht.

Zentraler Gedanke ist, dass für das 18. Jahrhundert zwischen die Bedürfnisse weiblicher, schwarzer, indigener und jüdischer Menschen kein Blatt passte. Dies und die netzwerkartigen Verbindungen zwischen deren Schriften und Ideen aufzuzeigen, ist das Ziel der folgenden Seiten. Aus diesem Ziel ergibt sich eine Gliederung thematischer Knoten, die in der Chronologie vor- und zurückspringt und dabei versucht, in deutscher, englischer und französischer Sprache formulierte Texte halbwegs paritätisch zu berücksichtigen. Eine auch nur annähernd umfassende Darstellung ist angesichts des geradezu überbordenden Reichtums des teilweise erst jüngst wiederentdeckten oder noch unerschlossenen Materials unmöglich. Stichpunktartig werden daher philosophische, literarische und beides verbindende Texte vorgestellt, die einen Einblick geben in die oft unfassbar heutigen Vorschläge, ihre Originalität, Eloquenz und sprachlich-gedankliche Schönheit. Es ist oft berührend zu lesen, wie Autorinnen und Autoren bereits vor 250–300 Jahren gegen jene mehrfache Unterdrückung nach Geschlecht, Hautfarbe, Herkunft etc. kämpften, für die Kimberlé Williams Crenshaw Ende der 1980er Jahre den Begriff der Intersektionalität prägte und die uns bis heute herausfordert. Ihre Werke zeigen, dass die Idee der Gerechtigkeit, um die wir auch in diesen Tagen ringen, keine moderne Eintagsfliege ist, sondern eine lange und reiche Kulturgeschichte hat.

Und die Juden? Diesen Titel trug die deutsche Übersetzung von David Baddiels provokantem Buch (im Original: *Jews don't count* = ›Juden zählen nicht‹) über Antisemitismus aus linken und postkolonialen Richtungen in westlichen Gesellschaften. Was sich bei Erscheinen 2021 als Serie fast *unglaublicher* Vorfälle las, ist seit dem Überfall der Hamas im Oktober 2023 weltweit zu beobachten, leider nicht nur in sozialen Netzwerken, sondern auch in intellektuell reflektierten Kreisen. Dabei werden die Angriffe der Hamas auf Zivilist:innen und die gezielte misogyne, sexuelle und femizidale Gewalt zum ›normalen‹ militärischen Akt umgedeutet und als ›Gegenschlag‹ gegen eine als »kolonialistisch« kritisierte Landnahme seitens Israels legitimiert. Ganz gleich, wie unhaltbar der Vorwurf des Kolonialismus und gar Genozids an palästinensischen Menschen ist, er zündet offenbar so sehr, dass das von der Hamas und vielen sie unterstützenden Staaten benannte Ziel der Auslöschung Israels und jüdischer Menschen dagegen kein Gewicht zu haben scheint. Vollständig unbegreiflich ist dabei, dass trotz der stattdessen angestrebten islamistisch-patriarchalen Gesellschaftsordnung und erwiesen femizidalen Praxis des 7. Oktober selbst erklärte Feministinnen die Hamas unterstützen. Kann der Blick auf die historische Aufklärung und ihre Rezeption dazu beitragen, dieses Paradoxon zu verstehen?

Die historische Aufklärung hat de facto seit dem 19. und unter Intellektuellen seit dem 20. Jahrhundert einen schweren Stand. Postcolonial und Identity Studies beschreiben immer wieder in breiter, öffentlichkeitswirksam geführter Debatte beispielsweise durch Nikita Dhawan und Maria do Mar Castro Varela mit Immanuel Kant die gesamte Epoche der Aufklärung als weiß, männlich sowie eurozentrisch und machen sie für den Kolonialismus und die Ausbeutung fast der gesamten Welt verantwortlich. Immer wieder wird behauptet, das Konzept des Universalismus sei nicht nur von Weißen aus einem eurozentrischen Blickwinkel erdacht worden, sondern habe auch ursächlich zur kolonialistischen Ausbeutung beigetragen. Dass beides falsch ist, wird sich zeigen. Doch selbst Antijudaismus- und Antisemitismusforscherinnen wie Shulamit Volkov (*Deutschland aus jüdischer Sicht*) und Karin Stögner (*Antisemitismus und Sexismus*) kritisieren die Aufklärung als antisemitisch, wo diese tatsächlich egalitär argumentiert.

Kants langer Schatten ist hauptverantwortlich für den wohl fatalsten Irrtum bezüglich der Aufklärung – ihre angebliche Apotheose von Ratio und technischem Fortschritt. Sogar Verfechter einer kontinuierlichen Aufklärung wie Steven Pinker (*Aufklärung jetzt*) und Neuinterpretationen wie von Corine Pelluchon (*Das Zeitalter des Lebendigen*) setzen Ratio mit Verstand oder gar ganz mit Aufklärung gleich. Tatsächlich aber gehört zu den Grundlagen aufklärerischen Denkens, dass *Verstand* gerade nicht identisch ist mit Ratio (die als »Klugheit« oder »Witz« bezeichnet wird), sondern zwingend auch das »Herz«, also die Empfindung, und häufig sogar den Unterleib einschließen muss. Aufgeklärt kann nur sein, wer die eigene Emotionalität und Leiblichkeit reflektiert, um diese Bedürfnisse mit denen der Mitmenschen auszutarieren. Wer Ratio zum Schaden anderer wie der Welt verwendet, hat ausdrücklich keinen Verstand und verlässt damit gleich doppelt den Kreis der Aufgeklärten.

Theodor W. Adorno und Max Horkheimer warfen der Aufklärung vor, durch einseitigen Rationalismus den Weg in den Faschismus bereitet zu haben, in dem dann die verdrängten irrationalen Strukturen zurückschlugen. Ist die unerklärliche Sympathie in westlicher Freiheit lebender Frauen und queerer Menschen für eine Terrororganisation, die ihren Lebensstil offen bekämpft und sie mit dem Tod bedroht, vielleicht Ausdruck genau dieser Dialektik? Konstatieren lässt sich in jedem Fall eine Inversion der Ideale der nonbinären Aufklärung. Im Ruf »Free Palestine!« wird nicht nur der Herrschaftsanspruch einer patriarchal-theokratischen Gruppierung übernommen, diesem werden die Selbstbestimmungsrechte aller weiblichen, nonbinären, sexuell oder religiös normabweichenden Menschen ausdrücklich untergeordnet. Vergewaltigung und Femizid mit Judith Butler als »bewaffnete Verteidigung« zu bezeichnen, ist da nur konsequent. Daraus resultiert die erschreckende Erkenntnis, dass offenbar nicht nur vielen Spielarten des Feminismus noch immer ein androzentrisches Weltbild unterliegt, sondern sogar manchen Nonbinaritätskonzepten.

Doch es gibt noch einen weiteren, kaum weniger verstörenden Erklärungsansatz für die seit dem 7. Oktober 2023 förmlich greifbare Verbindung von Antisemitismus und (postkolonialer) Aufklärungskritik. Der größte Erfolg der

Aufklärung ist die jüdische Emanzipation. Zum ersten Mal in der Geschichte Europas gelang jüdischen Menschen die Integration in die christlichen Gesellschaften, ohne ihr Jüdischsein zu verleugnen oder abzulegen. Der von Kant geschätzte und mit Gotthold Ephraim Lessing befreundete Moses Mendelssohn, Vater der jüdischen Aufklärung (Haskala), verteidigte 1769 öffentlich seinen Glauben gegenüber der antijüdischen Bekehrungsaufforderung Johann Caspar Lavaters und erntete dafür Lob und Respekt. Vor allem aber trug jüdisches Denken systematisch, und ohne sich bemänteln zu müssen, zum europäischen Denken bei. Nathan der Weise in Lessings gleichnamigem *dramatischen Gedicht* von 1779 muss Jude sein, weil er nur so der lästigen Fixierung auf die Göttlichkeit Jesu entkommt, die als Engelsaberglaube durch das Stück flattert. Den Beitrag der Haskala in ihrer innerjüdischen theologischen und sozialen Bedeutung, ihre Folgen für intellektuelles Leben in Deutschland, Frankreich und England und die Geschlechtsdebatten des 18. Jahrhunderts angemessen zu würdigen, hätte den Rahmen der Darstellung ebenso gesprengt wie die Kompetenz der Autorin. Es bleibt daher bei angeknüpften Fäden, die hoffentlich von anderen Händen aufgegriffen werden.

Von Mendelssohn stammt die Warnung: »Mißbrauch der Aufklärung schwächt das moralische Gefühl, führt zu Hartsinn, Egoismus«[2]. Sie gilt für das 19. Jahrhundert – und für heute. Also – *Was ist Aufklärung?* So fragte der Pfarrer Johann Friedrich Zöllner im Dezember 1783 in der *Berlinischen Monatsschrift.* Auch wenn Kants Formel vom »Ausgang aus der selbstverschuldeten Unmündigkeit« scheinbar perfekt passt, gab es zuvor bereits eine Antwort Mendelssohns, die Kant bei der Abfassung allerdings nicht kannte.

Darüber hinaus dürfte es im 18. Jahrhundert annähernd so viele Definitionen von Aufklärung gegeben haben wie denkende Köpfe. Eines der zentralen Probleme in der heutigen Debatte um die Aufklärung ist das Wörtchen ›die‹. Es suggeriert eine Einheitlichkeit, die nie auch nur ansatzweise herrschte. Die historische Aufklärung war ein Gespräch, bei dem nicht besonders zimperlich miteinander umgegangen wurde. Allen voran war Lessing, den heute der Weisheitsnimbus seines Spätwerks *Nathan* umgibt, ein gefürchteter Polemiker. Wer sich heute in ihre Tradition stellen will, muss scharfe Gegenrede ertragen. Allerdings nur bis zu dem Punkt, an dem das Gegenüber als Freiheit beansprucht, die Freiheit anderer abzuschaffen. Intoleranz zu tolerieren ist keine Frage von Großzügigkeit, sondern ein Fall für das Bundesverfassungsgericht.

Wenn von Aufklärung die Rede ist, muss daher zuerst geklärt werden, *welche* Aufklärung kritisiert, an welche angeknüpft werden soll. Die meisten der dabei diskutierten Positionen liegen in Textform vor. Malerei, Skulptur, Architektur und Musik werden nur selten einbezogen, nicht einmal Adorno behandelt die Oper der Aufklärung. Immer wenn Texte überliefert werden, etabliert sich ein Kanon, der nur einen Bruchteil dessen enthält, was historisch verfasst wurde. Die Hitliste der Aufklärungstexte wird heute angeführt von Kant und Jean-Jacques Rousseau, gefolgt von Voltaire, Denis Diderot, David Hume, Baruch de Spinoza und Thomas Hobbes, enthält also nur Autoren. Dass zahlreiche Texte von Autorinnen (und alle egalitär argumentierenden Autoren!) samt ihren Positionen in Vergessenheit fielen, ist keinesfalls deren Qualität geschuldet. Kanonisierungsprozesse sind Machtprozesse. Aussortiert wird nicht nur, was weniger gut ist, sondern vor allem, was den die Kanonisierung leitenden Instanzen widerspricht.

Im Falle der ausgesprochen vielstimmigen Aufklärung schränkt das gleich mehrfach die Perspektive ein. Insbesondere in Deutschland führt die Leuchtturmposition Kants dazu, dass die Aufklärung als Domäne der politischen Theorie und Philosophiegeschichte betrachtet wird. Dass dieser Anspruch bereits in Kants Schriften angelegt ist, die sich damit von dem aus seiner Sicht zentralen Grundprinzip der Aufklärung entfernen, hat bereits Christoph Martin Wieland als philosophische Sektiererei kritisiert. Heute nehmen die Schriften Kants eine Türhüterfunktion ein. Durch sie muss sich durchbeißen, wer im Schlaraffenland der Aufklärung etwas zu sagen haben will.

Dass wir reflexartig an Kant denken, wenn das Wort »Aufklärung« fällt, führt vor allem dazu, dass just die Aufklärungskritik immer wieder dieselben Texte wendet und beleuchtet, aber praktisch nie deren Alleinvertretungsanspruch hinterfragt. Die meisten Argumente der Aufklärungskritik – darunter weite Bereiche der englischsprachigen postkolonialen Kritik, die sich traditionell stark nach Indien und zu schwarzen Bürgerrechtsbewegungen der USA orientiert – betreffen tatsächlich das 19. Jahrhundert. Dessen Autorinnen und Autoren inszenierten sich zwar erfolgreich als Fortsetzung der Aufklärung, sorgten de facto aber für deren Abbruch. Die Texte und Positionen der egalitären Aufklärung hingegen lösen den vermeintlichen Widerspruch zwischen dem Befreiungsanspruch der Aufklärung und der misogynen, kolonialistischen und antisemitischen Unterdrückungspraxis des 19. und 20. Jahrhunderts nicht nur auf, sondern Frantz Fanon (1925–1961), einer der

Wegbereiter des Postkolonialismus, schloss seine Theorien sogar mit den Worten an die Aufklärung an, »[a]lle Elemente einer Lösung der großen Probleme der Menschheit sind zu verschiedenen Zeiten im Denken Europas aufgetaucht«.

So wie Fanon, Aimé Césaire und Gayatri Chakravorty Spivak als Denkerinnen und Denker der postkolonialen Moderne auf europäischen Denktraditionen aufbauen, wurde kaum ein zentraler Gedanke der Aufklärung von einem weißen Mann erfunden. Das religiöse Egalitätsideal fand bereits der mittelalterliche Aufklärer Petrus Abaelard, nicht zufällig ein früher Feminist, im Islam, und sein Verehrer Lessing sollte ihm darin folgen. Seine Begriffe von persönlicher Freiheit, Gleichheit und nonbinären Geschlechtskonzepten verdankt Europa Gesprächen mit Indigenen wie Kondiaronk aus Amerika. Die Grundlagen ihres Natur- und Völkerrechts zogen Gottfried Wilhelm Leibniz und Christian Wolff aus der chinesischen Philosophie, besonders Konfuzius. Im Lichte der egalitären Aufklärung verschwindet mit Kants Schatten der Vorwurf der Eurozentrik. Es zeigt sich, dass die Aufklärung Rassismus und Kolonialismus weder erfunden noch gerechtfertigt hat. Was könnte damit aktueller sein als die Aufklärung?

Fanons oben zitierter Gedanke zur europäischen Geistesgeschichte fährt fort: »Aber in seinem Handeln hat der europäische Mensch die ihm zufallende Mission nicht erfüllt.«[3] Scheitert die Aufklärung also an der Praxis? Oder ›scheitert‹ sie just an der einseitigen Verengung auf Kant und dessen Nachfolger im 19. Jahrhundert, mit dem Ergebnis, dass ihre *tatsächlichen* Ideale erst in unserer unmittelbaren Gegenwart den Versuch einer Umsetzung erfahren? Tatsächlich gebar weder eine heißlaufende Rationalität Monster in Gestalt von Faschismus, Neoorthodoxie und Nationalismus, noch löste die von der postkolonialen Kritik unterstellte Eurozentrik der Aufklärung den Kolonialismus aus. Sie alle fußen im Gegenteil auf einer zentralen Grundlage, die die Aufklärung *anfocht*, die jedoch im Nationalismus des 19. Jahrhunderts über sie triumphierte und gegen die wir im Internetzeitalter wieder ankämpfen: das sich immer weiter radikalisierende Patriarchat, gestützt durch misogyne, homo- und transfeindliche Orthodoxien. Ob kriegerischer Männlichkeitskult à la Putin oder Hamas, Vergewaltigungsphantasien der sogenannten INCELS (›Unfreiwillig Zölibatären‹), femizidale Abtreibungsverbote, die Errichtung von Theokratien und pyramidalen Gesellschaftsordnungen oder Landnahme bis hin zu Eugenik und Genozid, die Begriffe von rechts und links waren diesbezüglich schon immer trügerisch. Sie verschwimmen endgültig, wenn Warlords und theokratische Diktaturen der arabischen Welt, Evangelikale und antidemokratische Mogule aus Silicon Valley in den USA Verfechtern des postsozialistischen Staats- und Führerkults in Osteuropa, Russland und Asien die Hände reichen.

Kants Schatten verdeckt nicht nur die egalitäre historische Aufklärung. Viel bedeutsamer ist, dass egalitär-demokratisch Gesinnte mit einer auf Kant und seine Nachfolger verengten Aufklärungskritik ihre eigenen Wurzeln verleugnen und damit letztlich neofaschistische und -orthodoxe Tendenzen befeuern. Höchste Zeit also, den wahren Kern der Aufklärung wieder freizulegen. Denn eine Alternative zur Aufklärung gibt es nicht. Die Frage muss daher sein: Was ist Aufklärung *wirklich*? Der erste Schritt zu ihrer Beantwortung lautet: *Vergesst Kant!*

2. Vergesst Kant?

Kants Schriften sind unbestreitbar Meilensteine philosophischen Denkens. Die 1781 veröffentlichte *Kritik der reinen Vernunft* gilt auch deshalb als ›kopernikanische Wende‹ in der Philosophie, weil sie Erkenntnis ermöglicht, ohne ein Studium von Aristoteles bis Origenes vorauszusetzen. Die Aufforderung, Kant zu vergessen, ist daher symbolisch gemeint. Die sogenannten kritischen Schriften Kants, die heute als kanonischer Werkteil gelten, entstanden in der späten Phase der europäischen Aufklärung und greifen eine Reihe ihrer Denkansätze auf, indem sie sich auf die Frage konzentrieren, wie der Mensch die Welt und seine Wahrnehmung derselben unabhängig von religiösen Dogmen und antiken Philosophiesystemen, nur aus dem eigenen Denken heraus, begreifen kann. Sie wurden ab 1781 publiziert und damit erst wirksam, als die Aufklärung eigentlich schon zu Ende war.

Doch die seit dem Wintersemester 1772/73 in Königsberg insgesamt 24-mal gehaltenen Vorlesungen zur Anthropologie prägten eine ganze Generation von Autoren entweder direkt, wie Jakob Michael Reinhold Lenz und Johann Gottfried Herder, oder über bald zirkulierende Abschriften, aus denen die von Kant publizierten Texte zuletzt 1997 neu ediert wurden. Sie und Kants Idee der Freiheit grundieren einen Epochen- und Paradigmenwechsel: den von der Aufklärung zum Sturm und Drang. Wie auch immer die literarische Strömung des Sturm und Drang eingeschätzt wird – in der deutschen Germanistik als eigenständige Epoche, in der angloamerikanischen als Vorhut der Romantik –, sie ist seit dem Göttinger Hainbund und mit Friedrich Maximilian Klinger, Heinrich Leopold Wagner, dem jungen Johann Wolfgang Goethe und dem glühenden Kantianer Friedrich Schiller eine geschüttelte Zornesfaust – *gegen* die Aufklärung!

Die Kantforschung befasst sich spätestens seit den 1990er Jahren mit dem Vorwurf des Rassismus in Kants Schriften, zuletzt 2020/21 in breiter Debatte. Die Vorwürfe fußen vor allem auf Kants *Beobachtungen über das Gefühl des Schönen und Erhabenen* von 1764. Die im vierten Abschnitt »Von den Nationalcharaktern [...]« abgehandelten Rassismen sind so zweifelsfrei, dass an dieser Stelle auf die Wiedergabe verzichtet werden kann. Doch eine Stelle wird bezeichnenderweise überwiegend verkürzt zitiert und damit die buchstäblich universelle Tragweite von Kants Misogynie übersehen. Er schreibt dort über Jean-Baptiste Labat, einen Dominikaner, den sein Status als Mönch nicht davon abhielt, 1700 auf Martinique eine Zuckerrohrplantage und Rumdestillerie mit den dafür üblichen Arbeitssklaven zu unterhalten:

> Der Pater Labat meldet zwar, daß ein N[*]zimmermann, dem er das hochmüthige Verfahren gegen seine Weiber vorgeworfen, geantwortet habe: Ihr Weiße seid rechte Narren, denn zuerst räumet ihr euren Weibern so viel ein, und hernach klagt ihr, wenn sie euch den Kopf toll machen; es ist auch, als wenn hierin so etwas wäre, was vielleicht verdiente in Überlegung gezogen zu werden, allein kurzum, dieser Kerl war vom Kopf bis auf die Füße ganz schwarz, ein deutlicher Beweiß, daß das, was er sagte, dumm war.[4]

Der schwarze Mann, der hier offenkundig seine Frau(en) misshandelt und die angeblich mangelnde weiße bzw. europäische Misshandlung der Frauen anprangert, wird rhetorisch zum weisen Narren aufgewertet. Trotz der folgenden rassistischen Herabsetzung erkennt Kants Kommentar die Behauptung, Frauen müssten von den sie versklavenden Männern misshandelt werden, als vernünftig an. Die Passage mutet auch deshalb an wie eine Mischung des mittelalterlichen *Hexenhammers* mit einer Büttenrede der 1950er Jahre, weil Misogynie und Rassismus nicht nur situativ verschränkt werden, sondern einander negativ verstärken, um das weiße männliche Subjekt doppelt über die Objekte, die Frauen und den sie misshandelnden schwarzen Mann, zu erheben. Während der Skandal des Rassismus in dieser und weiteren Textpassagen breit beforscht ist, sind die Beiträge zur etwa zeitgleich aufkommenden Frage nach Kants Misogynie spärlich.

Die Kant verteidigende Forschung argumentiert, dass es sich bei den rassistisch kontaminierten um Frühschriften handelt, wohingegen die nach den ›stummen‹ 1770er Jahren veröffentlichten kanonischen Schriften keine Unterschiede mehr zwischen Menschen machten. Als Lackmustest für diese These bietet sich daher Kants Definition der Aufklärung von 1784 an:

> *Aufklärung* ist der Ausgang des Menschen aus seiner selbst verschuldeten *Unmündigkeit.* Unmündigkeit ist das Unvermögen, sich seines Verstandes ohne Leitung eines anderen zu bedienen. *Selbstverschuldet* ist diese Unmündigkeit, wenn die Ursache derselben nicht am Mangel des Verstandes, sondern der Entschließung und

> des Muthes liegt, sich seiner ohne Leitung eines andern zu bedienen.

Dieser erste Absatz findet sich in vielen Schulbüchern. Doch danach wird es schwierig. Dass die Ursachen, sich seines Verstandes nicht zu bedienen, »Faulheit und Feigheit« seien, mag noch diskutierbar sein, doch bedeutet dies wirklich, »daß der bei weitem größte Theil der Menschen (darunter das ganze schöne Geschlecht) den Schritt zur Mündigkeit, außer dem daß er beschwerlich ist, auch für sehr gefährlich halte«? Zur rhetorischen Stilfigur der Digression gehört, dass in der nebengeordneten ›Abschweifung‹ das Wesentliche gesagt wird. Entsprechend enthält die Klammer das Zentrale, und die *Einklammerung* betont formal die kategorische *Ausklammerung*: Es sind die Frauen. Sie sind nicht deshalb von der Aufklärung ausgeschlossen, weil sie von einem misogynen Gesellschaftssystem an der Ausbildung ihrer Verstandes- und Urteilskraft gehindert würden, sondern weil sie in *selbst verschuldeter* Unmündigkeit verharren. Da Kants Text kein Aufruf zur Revolution ist, sondern eine Werbeschrift für Friedrichs II. »räsonnirt so viel ihr wollt, und worüber ihr wollt; nur gehorcht!«[5], unterscheidet er im weiteren Verlauf »private« von »öffentlicher« Vernunft, um das Verhältnis von Gehorsam und Gedankenfreiheit zu definieren. Während Männer ausdrücklich die ihrer Einsicht zuwiderlaufenden Zwänge, die sie im »privaten« (anders als im heutigen Verständnis bedeutet das: im beruflichen, also angewandten) Bereich selbstverständlich zu befolgen haben, als Gelehrte »öffentlich« zur Debatte stellen können, fehlt diese Option für Frauen. *Die Gelehrte*, die ihr Ehejoch und den Entzug ihrer Töchter (Sophie von La Roche hatte zu diesem Zeitpunkt bereits zu beidem publiziert) öffentlich kritisiert, bleibt bei Kant eine Leerstelle.

Tatsächlich sind Mädchenerziehung und die Position der Frau in der Ehe zwei der Hauptthemen der Aufklärung zwischen 1700 und 1800. La Roche widmete ihnen 1783 bis 1784 – also parallel zur Entstehung von Kants Text – eine der ersten von einer Frau herausgegebenen Frauenzeitschriften: *Pomona für Teutschlands Töchter*. Das Vorwort der ersten Ausgabe beginnt mit einer wahren Kampfansage: »Das Magazin für Frauenzimmer und das Jahrbuch für Denkwürdigkeiten für das schöne Geschlecht - - - zeigen meinen Leserinnen, was teutsche Männer uns nützlich und gefällig erachten. Pomona wird Ihnen sagen, was ich als Frau dafür halte.«[6] Allein im Zeitraum von 1779 bis 1795 erschienen ganze zwölf Frauenzeitschriften von selbständigen Herausgeberinnen. La Roches war lediglich die, die sich nicht übersehen ließ. Die Auflage bestand aus mindestens 1200 Exemplaren, Katharina die Große bezog alleine 500 Abonnements für ihren Hof. Wielands *Teutscher Merkur*, eine der wichtigsten Zeitschriften der deutschsprachigen Aufklärung, hatte zur gleichen Zeit eine kaum größere Auflage von rund 1400 Exemplaren.

La Roches Zeitschrift war keine durchgängige Kampfansage an die weibliche Unterwerfung, sondern lavierte zwischen Emanzipation und Anpassung. Einen Schwerpunkt bildeten Zuschriften ihrer Leserinnen, deren Ehefragen die Herausgeberin teils durchaus radikalfeministisch beantwortete. Die gelegentlichen Frontalangriffe auf das Patriarchat und philosophische Texte werden jedoch durch ein ständisch gegliedertes und pragmatisches Bildungsideal abgefangen. La Roche wusste aus eigener Erfahrung, dass ihre Leserinnen nicht über eigenes Geld verfügten, sondern es für die Zeitschrift – ebenso wie für Unterwäsche – von ihren Männern erbitten mussten. Eine Frauenzeitschrift unterlag damit einer mehrfachen patriarchalen Zensur und musste ein noch komplexeres System von Vielstimmigkeit und Ironie entwickeln.

Dass Kant Frauen aus dem Bereich der Aufklärung ausklammerte, ist unübersehbar eine Reaktion auf deren zunehmende Vorstöße in eine (nach seiner *Anthropologie*) rein männliche Domäne. Dass nur die männliche Perspektive relevant ist, zeigt sich in der Akribie, mit der alle ihre Problemfelder (Militär, Verwaltung, Religion) im Text aufgerissen und mit einem Lösungsvorschlag geschlossen werden. Auf unter kolonialen Bedingungen lebende versklavte Männer wird nicht eingegangen. Doch könnten sie nach der Logik zumindest dieses Texts an der Aufklärung teilhaben, wenn es ihnen gelänge, in höheren Berufen als Gelehrte aufzutreten – wie Kants älterer Zeitgenosse Amo.

In der Debatte um die Kant'schen Rassismen geht es also darum, ob diese Kants Universalismus zum *weißen Elitarismus* machen. Bereits 2007 hat Pauline Kleingeld (*Kant's second Thoughts*) Kant einen »inkonsistenten Universalismus« bescheinigt und damit einen Begriff eingeführt, der eine differenzierte Beschreibung auch misogyner und rassistischer Ausgrenzung ermöglicht. Demnach durchläuft Kants Rassismus während der 1790er Jahre einen radikalen Wandel im Kontext der Altersschriften *Zum ewigen Frieden* (1794–95) und *Die Metaphysik der Sitten* (1797), die Sklaverei und Landraub verurteilen. Obgleich Kant weiterhin allen nichteuropäischen Völkern »Eingeschränktheit

[…] an Geist«[7] bescheinigt, ist ein Wandel unbestreitbar. Am Ende seines Lebens ringt sich Kant zu einer Verurteilung (männlicher) Sklaverei durch – möglicherweise wegen der kritischen Einwände von Georg Forster und Johann Gottfried Herder ab 1784.

Doch revidiert er auch seine Misogynie? Das Kapitel »Der Charakter des Geschlechts« der *Anthropologie* formuliert die Maxime: »der junge Ehemann herrscht über seine ältere Frau«. Als ewige »Kinder« brauchen Frauen männliche Führung, da sie anders als *männliche* Kinder nie erwachsen werden. Daher versuchen Frauen aus »Neigung« zu »herrschen«, wogegen der Mann aus dem »Verstand« »regiert«. Mit dem Bild der debilen, herrsch- und zanksüchtigen Frau legitimiert Kant in seiner Spätschrift die Ungleichheit der Geschlechter, indem er nicht mehr mit Religion und Tradition argumentiert, sondern eine pseudo-naturwissenschaftliche und damit vorgeblich ›vernünftige‹ Begründung liefert, die als anthropologische Konstante universell gültig ist und damit *naturgegeben* unabänderlich den Sklavenstand alles Weiblichen legitimiert. Das 19. Jahrhundert sollte diese Argumentationsstruktur nicht nur mit Schädelmessungen und dem Hysteriediskurs ausbauen, sondern auch zur Grundlage eines vorgeblich wissenschaftlichen Rassismus und Antisemitismus machen. Die *Anthropologie* bestätigt damit die Misogynie der *Beobachtungen* und die Ausklammerung weiblicher Menschen in *Was ist Aufklärung.* »Was die gelehrten Frauen betrifft: so brauchen sie ihre Bücher etwa so wie ihre Uhr, nämlich sie zu tragen, damit gesehen werde, daß sie eine haben; ob sie zwar gemeiniglich still steht oder nicht nach der Sonne gestellt ist.«[8] Die gelehrte Frau ahmt lediglich die wahre, männliche

Gelehrtheit nach. Ihr Uhrwerk – ehedem Symbol für die göttliche, nun die natürliche Ordnung – ist nicht aufgezogen oder falsch gestellt – nämlich nicht auf die Sonne, das Symbol für das Licht der Aufklärung.

Die Forschung tut Kants Misogynie bis heute überwiegend als Marginalie, als zeittypische und verzeihliche Schrulle eines alten Junggesellen ab, der Frauen eben nicht kannte. Alle drei Argumente sind Humbug. Mehr noch, sie demonstrieren eine Mischung aus Ignoranz und historischer Unkenntnis, gepaart mit der Intention, emanzipatorische Positionen weiterhin aus dem Kanon herauszuhalten und damit die wahre Aufklärung zu verdecken.

Der eingeschränkte Universalismus Kants ist weder ein blinder Fleck noch eine dem Denksystem inhärente Einschränkung. Er ist eine bewusste, außersystematische Setzung, die keineswegs unreflektiert – wer wollte auch Kant vorwerfen, etwas nicht zu reflektieren! – alte gesellschaftliche Konventionen mitschleppt, sondern im Gegenteil das Ausgrenzungssystem fit macht für die Zukunft. Kants binäres Denken ist in seiner Doppelbewegung zugleich reaktionär und progressiv. Das seit der Antike konstante Machtsystem des Androzentrismus wird mittels Anthropologie als »natürliche« Ordnung neu begründet. Damit wird es überzeitlich und außerreligiös definiert und folglich gegen jede Form gesellschaftlicher Erosion geschützt. Wer – seien es Frauen oder Männer – etwas anderes fordert, versündigt sich fortan »wider die Natur« (eine Beschreibung, die in der reaktionären und orthodoxen Weltsicht für Homosexualität bis heute geläufig ist) und macht sich überdies lächerlich. Ist die alte Trennung in Subjekte (Männer) und Objekte (Frauen) derart reinstalliert, lassen sich mit dem Argument genereller »Weibischkeit« auch gemischtgeschlechtliche Gruppen abwerten. Antijudaismus/Antisemitismus und Rassismus sind damit plötzlich anthropologisch vernünftig und fortschrittsaffin. Die Erfindung dieses Mechanismus gebührt Kant jedoch nicht allein, sondern ist undenkbar ohne den wirkmächtigsten Frauenfeind seit dem *Hexenhammer*: Jean-Jacques Rousseau.

3. Wie lässt sich Rousseau vergessen?

Kant war ein glühender Rousseau-Verehrer. Rousseaus Bildnis soll der einzige Wandschmuck seines Arbeitszimmers gewesen sein, und noch in der *Anthropologie* nennt er ihn den »scharfsichtigen Schweizer«. Rousseaus Zeitgenossen war noch bewusst, dass dieser ein patriotischer ›Bürger von Genf‹ war, der sich zeitlebens stärker über die Kritik an der französischen Gesellschaft als durch die Integration in sie definierte. Kants Auseinandersetzung mit dem 1762 erschienenen *Émile, oder über die Erziehung* führte zu einer regelrechten »Rousseau'schen Wende«, bezeichnenderweise parallel zur Entstehung der *Beobachtungen*. »*Rousseau* entdekte zu allererst unter der Mannigfaltigkeit der Menschlichen angenommenen Gestalten die tief verborgene Natur desselben u. das verstekte Gesetz nach welchem die Vorsehung durch seine Beobachtungen gerechtfertigt wird.«[9]

Wie Isaac Newton das natürliche Chaos durch Physik ordnet, systematisiert Rousseau das menschliche durch Geschlecht und Rasse. Zum neuen Menschen wird Émile nicht durch die Mutter, die ihn zur Welt bringt, sondern erst durch den Erzieher, fernab der Gesellschaft in der Natur. Frauen kennt er nur in Form einer Amme und Pflegerin für seine körperlichen Bedürfnisse. Seine Erziehungsfibel ist Daniel Defoes *Robinson Crusoe* (1719), »das erste Buch, das Emil liest. Für lange Zeit macht es seine ganze Bibliothek aus und wird später immer einen besonderen Platz einnehmen. [...] Es wird der Prüfstein im Fortschritt zur Urteilsfähigkeit sein.« Defoes Roman über den 28 Jahre auf einer einsamen Insel lebenden Schiffbrüchigen steht nicht nur für die Pionierleistung einer neuen Gesellschaft, auf die Émile hin erzogen wird, sondern ebenfalls für die Abwesenheit von Frauen, gepaart mit der aus der Klimatheorie begründeten Überlegenheit des weißen Mannes, die Rousseau wie folgt beschreibt: »Ein Franzose kann in Guinea und in Lapland leben, aber ein N[*] kann nicht ebensogut in Tornea, oder ein Samojede im Benin leben. [...] Weder die N[*] noch die Lappen haben den Geist des Europäers.«[10] Rousseaus Blick auf »den Wilden« ist, wie Rousseau selbst in einer Fußnote zugibt, nicht auf in der Gegenwart des 18. Jahrhunderts lebende Menschen gerichtet, sondern eine Rückprojektion auf antike Barbarendiskurse – mit denen die athenische Polis sich von allen abgrenzte, die nicht ihre Form des Griechischen sprachen. Das Ziel ist nicht wie bei Michel de Montaigne, kolonialistisch ausgebeutete, unterdrückte oder von Ausrottung bedrohte Menschen als ebenbürtig oder gar sittlich überlegen darzustellen; der reale »Wilde« fungiert bei Rousseau im Gegenteil als hässliches, grausames Gegenbild zum europäischen Mann, bestenfalls wird er als in ewiger Kindlichkeit verharrender Bewohner des Rests der Welt dargestellt. Als Idee und nicht historisch gedachtes Konstrukt einer *europäischen* Vorzeit soll der ›edle Wilde‹ Kultur als Deformationsprozess entlarven. Diese Kulturskepsis macht Rousseau zum Außenseiter innerhalb der Aufklärung, wenngleich diese insgesamt eher skeptisch-optimistisch war und keineswegs einem naiven Fortschrittsglauben huldigte. Dass Rousseaus Texte so großen Widerhall fanden, ist wesentlich ihrer Kritik am feudalabsolutistischen (französischen) Staat und der radikalen Propagierung androzentrisch-bürgerlicher Rechte geschuldet.

Wieland verknüpft seine Kolonialismuskritik in *Beyträge zur Geheimen Geschichte des menschlichen Verstandes und Herzens* (1770) nicht zufällig mit einer Generalkritik an Rousseaus Konzept des »Wilden« und dem damit verbundenen Kulturpessimismus, die beide dessen Misanthropie entsprängen. »Der Rousseauische Mensch ist es, der den Nahmen eines *Wilden*, – den die Spanier den Americanern zu Beschönigung ihrer widerrechtlichen Gewalttätigkeiten gegeben haben, – im eigentlichen Verstande führt.« Bereits Wieland benennt das rassistische Potential des Rousseau'schen Konzepts, das keine *conditio humana* beschreibt, sondern eine Ent-Menschlichung vornimmt. »Keine einzige von allen diesen kleinen Völkerschaften, die man *Wilde* nennt, befindet sich in diesem viehischen Stande, den er zu unserm Ursprünglichen macht. Sie leben alle in einer Art von Gesellschaft; sie kennen Freundschaft, ehliche und älterliche [sic!] Liebe; sie sind nicht ohne alle Kunst.«

Dass Wieland seine Ausführungen über den Urzustand der Menschheit nicht in einem antiken europäischen Arkadien, sondern im alten Mexiko situiert, macht die *Neue Welt* zum Symbol für die gesamte Menschheit. Weltweit gelte für deren »Völkerschaften«, dass sie, egal welche »*Religion, Philosophie*, und ihr, liebenswürdige *Künste der Musen!*« herrschen, immer Voraussetzung seien für die Zivilisierung einer Kultur zur »Urbanität«, die dazu diene, »aus allen Völkern des Erdbodens [...] *Eine brüderliche Nation von Menschen* zu machen.«[11]

Wie Wieland wertet auch Mary Wollstonecraft in *Historical and Moral View of the French Revolution* moderne »Zivilisationen« gegenüber antiken (heroischen) »Kulturen« ausdrücklich auf: Während der modernen Zivilisation am Glück aller gelegen sein müsse, träten Griechen, Römer und zeitgenössische kolonialistische Staaten »die heiligsten Rechte der Menschheit« mit Füßen und machten »die Vollkommenheit der Künste zur Dämmerung der Wissenschaften«.[12] Das nie Dagewesene, die Gleichheit aller Menschen, könne daher nur in der Zukunft liegen: »Rousseau bemüht sich zu beweisen, dass ursprünglich alles gut war; eine Menge von Autoren, dass *jetzt* alles gut ist, und ich, dass alles gut *werden* wird.«[13]

Angesichts von Rousseaus Rassismus, der dem Kants ebenbürtig ist und überdies in den kanonischen Texten formuliert wurde, ist erstaunlich, dass dieser vergleichsweise wenig thematisiert wird. Im Gegenzug füllt die feministische Rousseau-Kritik Bände. »Die ganze Erziehung der Frauen muß [...] auf die Männer Bezug nehmen«,[14] heißt es in *Émile* anlässlich der Einführung Sophies, der für den Zögling arrangierten und auf ihn abgerichteten Ehefrau. »Deutlicher und unverhüllter sind die supplementäre Bestimmung des Weiblichen und die Appendixfunktion der Frauen wohl niemals formuliert worden.«[15] Auch wenn Silvia Bovenschens Diktum verschiedentlich widersprochen wurde, ist die Differenz der Erziehung zwischen dem weißen Jungen und den anderen – weiblichen und nichteuropäischen Menschen – kaum emanzipatorisch im Sinne eines Differenzfeminismus deutbar. Denn bei Sophie finden Émiles reformpädagogische Maßstäbe keine Anwendung, ihre Erziehung ist im Gegenteil die systematische Gewöhnung daran, beherrscht zu werden, und dies ist explizit die Grundlage ihrer späteren Verbindung mit Émile. Doch warum?

Selbst heute stehen wir einigermaßen ratlos vor der Frage, wer in einer egalitären Gesellschaft noch unbezahlte Care-Arbeit und schlechtbezahlte Jobs machen wird. Sie stellte sich aber mit ungemein drastischerer Konsequenz in einer Zeit, die weder Waschmaschine und Cerankochfeld noch Müllabfuhr kannte. Kein Mann, insbesondere kein schlecht besoldeter Gelehrter, hätte unter den Lebensbedingungen des 18. Jahrhunderts auch nur eine substantielle Zeile zu Papier bringen können, wenn ihm nicht die unbesoldete Ehefrau oder noch anspruchslosere Mätressen aus der Unterschicht, wie Georg Friedrich Lichtenberg, Goethe und Heinrich Heine sie sich nach dem Vorbild Rousseaus hielten, den Haushalt besorgt hätten – von häufig auch sexuell ausgebeuteten Dienstmägden ganz zu schweigen.

Rousseau aber perfektionierte dieses klassische Ausbeutungssystem noch zur *freien* Logis all inclusive mit 24-Stunden-Escort- und nachgelagertem Abortservice. »Seine Frau, seine Mätresse, seine Dienerin, seine Tochter« war die neun Jahre jüngere Wäscherin Marie-Thérèse Levasseur,[16] von der er sich von 1745 bis zu seinem Tod 1778 versorgen ließ. Gleichwohl fühlte er sich nie bemüßigt, ihr ordentlich Lesen beizubringen. Bereits zu Beginn der Beziehung wurde sie schwanger und gebar Rousseau insgesamt wohl fünf Kinder, die auf seine Veranlassung nach der Geburt in Waisenhäusern landeten. In den *Bekenntnissen* rühmt sich Rousseau anlässlich der dritten Schwangerschaft von Thérèse zunächst ausführlich für sein Nachdenken über die Verhältnisse von Pflicht und Natur, dann damit, dass er seine »Kinder der öffentlichen Erziehung übergab«, wie ein perfekter Staatsbürger im Sinne von Platons *Der Staat* – der für die Kinder der Wächterkaste eine elternlose kollektive Erziehung vorsieht. Der Staat – das ist damals noch das Ancien Régime – solle aus ihnen machen, was er am dringendsten benötige, »Handwerker und Bauern«.[17] Der Haken der schönen Rhetorik ist: In Paris wussten damals alle, dass die Abgabe eines Säuglings in einem Waisenhaus aufgrund der geringen Überlebenschancen die legale Form des Infantizids war. Wahrscheinlich starben auch Thérèses Kinder unmittelbar, denn als zwei Gönnerinnen später die Kinder aufnehmen wollten, waren sie spurlos verschwunden.

Schon Zeitgenossen wie Hippel und Wollstonecraft sprachen Rousseau dafür die pädagogische Glaubwürdigkeit ab. Wohlmeinendere und spätere Biographen streuten zu seiner Verteidigung das Gerücht, bei einer Frau wie Thérèse habe sich Rousseau seiner Vaterschaft schließlich nicht sicher sein können. Außerdem habe er nur die Frau schonen wollen, damit sie neben dem Lebensunterhalt für Rousseau und sich selbst nicht noch den der Kinder erarbeiten müsse. Vor allem aber sei ja – in der klassischen Transformation vergänglichen weiblichen Gebärens zu männlichem geistigem – mit *Émile* ein ewiges Werk den angeblichen Schuldgefühlen entsprungen. Rousseau verknüpft seinen Kindermord in den *Bekenntnissen* mit Überlegungen zum Naturrecht, Platon und Staatsbürgertugend. Zentral ist aber etwas anderes: Rousseau lässt keine Zweifel daran, dass die Entscheidung *legitimerweise* ausschließlich bei ihm lag. Seine Wendung, er habe sich nur »aus Rücksicht auf die Mutter« nicht öffentlich – also noch öffentlicher, denn er erzählte es ja allen – dafür gerühmt, zeigt, dass sie die Entscheidung nicht teilte. Das ist aber nicht einfach Ausdruck des patriarchalen Vaterrechts, nach dem die Kinder nicht der Mutter, sondern ihrem Ehemann gehören – denn Rousseau war mit Thérèse zum Zeitpunkt der Geburten nicht verheiratet. Uneheliche Kinder waren das Einzige, das einer Frau vor dem Gesetz gehörte. Juristisch war er also überhaupt nicht befugt, über die Kinder zu entscheiden. In diesem Licht wird Rousseaus Darstellung zu einer radikalen Ausweitung männlichen Besitzrechtes an der Frau. Ein Mann kann über ihren Körper, ihre Arbeitskraft innerhalb des Haushaltes, den von ihr durch Erwerbsarbeit erwirtschafteten Gewinn sowie ihre Leibesfrüchte auch dann verfügen, wenn der gesellschaftliche ›Kaufpreis‹ – die Eheschließung – nicht bezahlt wurde. Die sexuelle Inbesitznahme der Frau rechtfertigt bereits die Versklavung. Rousseaus Bericht steht spiegelbildlich zur Episode der Spartanerin in *Émile*, die den Tod ihrer fünf gefallenen Söhne mit einem Schulterzucken aufnimmt und sich nur für den Sieg interessiert. »Das war eine echte Bürgerin«, lobt Rousseau die Gebärmaschine des Staates.

Die große Aufmerksamkeit, die Rousseau dem Weiblichen schenkt, seine Aufwertung des Stillens, der »einer guten und bedachten Mutter«[18] gewidmete *Émile* etc., sind kein emanzipatorisches Programm, sondern eine Falle. Unter dem vermeintlichen Vorläufer des Differenzfeminismus lauert ein radikalpatriarchales Programm, das geschickt Frauen moralisch und emotional dort aufwertet, wo sie männlicher Allmacht nicht gefährlich werden können. Damit einher geht eine verstärkte Dichotomie von privat und öffentlich-politisch, mit der Rousseau bereits 1758 die Frage der Staatsform binarisiert. »In einer Republik [...] braucht man Männer.«[19]

Rousseaus Falle entfaltete zeitgenössisch eine solche Sogwirkung, dass fast alle egalitären Aufklärerinnen und Aufklärer zunächst hineintappten. Der Versuch, Rousseau wieder zu vergessen, wurde für sie alle zum Motor der Theoriebildung. Wollstonecraft und La Roche arbeiten sich an seinem Erziehungsmodell ab, während mit Olympe de Gouges eine rousseauistisch mütterliche Frau *zugleich* politische, juristische und gesellschaftliche Gleichstellung einfordert.

4. Theodor Gottlieb Hippel wider die patriarchale Ordnung

Doch zunächst zurück nach Königsberg, wo Kant es eigentlich besser wusste. Denn die radikalste denkbare Gegenposition zu Rousseaus und der eigenen Misogynie saß regelmäßig mit ihm zu Tisch. Nicht etwa in Gestalt einer Frau, sondern seines ehemaligen Studenten, des glänzenden Juristen, Oberbürgermeisters und schließlich Stadtpräsidenten von Königsberg, Theodor Gottlieb Hippel, den Kant einen »Centralkopf« nannte. Obgleich Hippel anonym publizierte, waren seine Schriften im Freundeskreis bekannt. Da sich Kant im Tischgespräch philosophische Themen verbat, dürften sich Gespräche über Frauen in deren Abwesenheit angeboten haben. Auch Hippel blieb zeit seines Lebens – er starb 1796 im Alter von 55 Jahren – Junggeselle, nachdem ein früher Heiratsantrag an Standesgrenzen gescheitert war.

Als Jurist war er an der Erstellung des Preußischen Landrechts beteiligt und setzte sich mit seinen Kommentaren – erfolglos – für die rechtliche Gleichstellung der Frau ein. Erfolgreicher war sein Eintreten für das Verbot der Versklavung von Männern auf preußischem Boden. Dass Hippel die Stellung der Frau in seinen Schriften durchgängig als »Sklaverei« bezeichnet, zeigt, wie eng für ihn Abolition und der Kampf um Frauenrechte aus juristischer Sicht zusammenhängen. Hippel war umfassend literarisch tätig, Goethe und Jean Paul schätzten seine multiperspektivischen *Lebensläufe nach aufsteigender Linie.* Seine bekannteste Schrift *Über die Ehe* wandelte sich in drei Überarbeitungen von deren Verteidigung 1774 zum Plädoyer für die Gleichstellung der Frau (ab 1793). Darin widerspricht Hippel aufs Schärfste Kant, der in den *Metaphysischen Anfangsgründen der Rechtslehre* (1797) die Frau als Sache in absoluter Verfügungsgewalt des Mannes einstuft. Ein Schelm, wer Böses dabei denkt, dass mit einer Ausnahme alle modernen Herausgeber von Hippels Schrift die erste Fassung wählten? Der DDR-Schriftsteller Günter de Bruyn etwa fand diese »witziger«.

In *Über die bürgerliche Verbesserung der Weiber* (1792) greift Hippel in Titel und Einleitung Christian Wilhelm Dohms *Über die bürgerliche Verbesserung der Juden* (ab 1781) auf, die zentrale Schrift zur jüdischen Emanzipation der Aufklärung. Wie dort ist »bürgerlich« kein Klassen-, sondern ein Rechtsbegriff. Auf 260 Seiten fordert Hippel, Frauen uneingeschränkte und denen der Männer gleiche Bürgerrechte zu verleihen. In europäischen wie allen ihm bekannten Rechts- und Gesellschaftssystemen sei die Frau »Sklavin« der »galanten *Bastillen*, der häuslichen Zwinger und bürgerlichen Verließe«.

In Kants Tischrunde galt Hippels letzte Schrift als seine schlechteste, was voraussetzt, dass alle sie gelesen haben müssen. Dass das Traktat in Wahrheit von dem sonst nicht als Schriftsteller in Erscheinung getretenen Christian Friedrich Jensch stammt, wie dieser zwei Jahre nach Hippels Tod behauptete, kann angesichts der thematischen und sprachlichen Kohärenz mit *Über die Ehe* ausgeschlossen werden. Die *Bürgerliche Verbesserung* scheint geradezu deren fünftem Kapitel »Über die Herrschaft in der Ehe« entwachsen zu sein, das ebenfalls die unrechtmäßige Herrschaft des Mannes als Vormund über seine Frau als *Sklavin* anprangert. Hippels über 200 Jahre alte Streitschrift ist brillant formuliert und frappiert von Seite zu Seite, wenn es etwa heißt: »*Frankreich, wo jetzt Alles gleich ist, ließ unser Geschlecht unangetastet.*« Doch »Gesellschaft setzt unter den Verbundenen eine Gleichheit voraus, wozu es der Urheber der Menschheiten auch angelegt hat.« Die Gleichheit von Frau und Mann sei nicht nur nach der Bibel gegeben: »Die Schöpfungsgeschichte erwähnet [...] keines andern als des Geschlechtsunterschiedes.« Damit ist nur der gemeint, der unmittelbar für die Zeugung benötigt wird. Alle Ableitungen bezüglich Macht, geistigem und körperlichem Vermögen und das Unterordnungsgebot in Moses 1,3 seien »eine weit spätere Epoche«. Nicht nur dieses historische Verständnis der Bibel – das die heutige Bibelarchäologie bestätigt – prägt die Sicht Hippels auf die Ungleichheit der Menschheit, sondern Letztere wird insgesamt als Ergebnis eines historischen Prozesses gedeutet. Der egalitäre Naturzustand der ursprünglichen Menschen sei zugleich gottgegeben, natürlich und vernünftig, entziehe sich aber historischem Wissen. Hippel nimmt an, dass sich die Menschheit im Zuge der Arbeitsteilung davon entfernt habe. Dabei decken sich seine Annahmen, dass Männer über das Jagdmonopol die Geschlechterbinarität und die Erfindung des Kriegs vorantrieben, dass der Anbau von Pflanzen ursprünglich eine Erfindung der Frauen war, sowie, dass deren Versklavung eine Animalisierung im Kontext der Viehhaltung bedeutet, sogar mit dem heutigen Stand der vor- und frühgeschichtlichen Forschung. Dass kein bekanntes Volk der Welt noch im Zustand der Egalität lebt, erscheint Hippel als Beleg für diese historische Überlegung und zugleich als Absage an Rousseaus Konzept des ›edlen Wilden‹. Denn – hier greift Hippel fast wörtlich Wielands Argument auf – bei allen Menschen der Welt seien »Kultur und Kunstprodukte vorhanden«, die vom »Kasten«-System patriarchaler Herrschaft begleitet würden. Aber »nicht Überlegenheit des Körpers, nicht Übermacht des Geistes gab dem Manne das Schwert in die Hand«, sondern er habe die vorübergehende Schwäche der Frau am Ende der Schwangerschaft und nach der Geburt genutzt, um sie zu versklaven. »[U]m alles in der Welt möchten wir die andere Hälfte des menschlichen Geschlechtes überreden, nicht *wir*, sondern die *Natur* habe sie zurückgesetzt.« Eine deutlichere Gegenposition zu Kants *Anthropologie* ist kaum denkbar. Dennoch gleitet Hippel nicht in den Kulturpessimismus Rousseaus ab, den er wie in *Über die Ehe* mitunter »Hans Jakob« nennt und als bigotten Speichellecker beschreibt.

Um die jahrtausendealte Ungleichheit in nur einer Generation zu beenden, schlägt Hippel die wichtigste pädagogische Erfindung des 20. Jahrhunderts vor: die Koedukation. Bis zum zwölften Lebensjahr sollten Kinder beiderlei Geschlechts im gemeinsamen Unterricht nonbinäre Einheitskleidung tragen. »So lange sollte unter Kindern alles bis auf die Kleidung gleich bleiben.« Zunächst werden sie komplett von (pädagogisch besser geeigneten) Frauen unterrichtet, danach von Lehrer:innen. Abgesehen davon, dass er Frauen eine bessere Sprachpädagogik zuschreibt – auch für Latein, das im 18. Jahrhundert als Männerdomäne galt –, gibt Hippel für die Oberstufe keine geschlechtsspezifische Fachaufteilung vor. Auch nach einer Pubertätsfeier im zwölften Lebensjahr bleiben beide Geschlechter zusammen. »Man erziehe Bürger für den Staat, ohne Rücksicht auf den Geschlechtsunterschied […], und alles wird zur Ordnung der Natur zurückkehren.« Darüber hinaus fordert Hippel, Frauen in allen Berufen und Ämtern des Staates zuzulassen: »Wär' es dem Staate Ernst, die große und edle Hälfte seiner Bürger nützlich zu beschäftigen […]; öffnete er den Weibern Kabinette, Dikasterien [Ämter, Dezernate], Hörsäle, Comptoire und Werkstätten.« Da Frauen alles können, sollen sie alles dürfen. Lediglich der Stand der »Menschenschlächter«, der Soldaten, soll Männern vorbehalten bleiben. Die Ausgrenzung der Frau sei nicht nur ungerechtfertigt, sie sei der gewichtigste Hemmschuh gesellschaftlicher Entwicklung. »Ist es nicht unverzeihlich, die Hälfte der menschlichen Kräfte ungekannt, ungeschätzt und ungebraucht schlummern zu lassen –?«

Theologisch, historisch, ethnologisch und philosophisch belegt Hippel, dass geschlechtliche Egalität den menschlichen Urzustand mit der Zukunft verbindet, und demonstriert fulminant, dass Kants misogyne Anthropologie alles ist, nur nicht aufgeklärt. Den Sündenfall als Glücksfall zu interpretieren, weil dadurch der Mensch seinen Geist zu gebrauchen begonnen habe, liegt im Zeitgeist. Doch Hippel macht aus Evas Initiative seinen ultimativen Trumpf: »*Die Eva* sollte *die Vernunft*, ihr zum Andenken heißen.«[20]

5. Von der Sklavin zur Bürgerin

Der Feminismus ist eine französische Erfindung. In der *Querelle des femmes*, an der sich auch nichtfranzösische und männliche Menschen beteiligten, wurde ab dem 16. Jahrhundert die nur im Deutschen angemessen absurd klingende Frage diskutiert, ob Frauen auch Menschen seien – *hommes* – oder ob sie dazu erst werden müssten wie Männer – im Französischen ebenfalls *hommes*. Für das aufklärerische Geschlechterverhältnis besonders bedeutsam ist die seit der Mitte des 17. Jahrhunderts entwickelte Idee von entweder platonischen oder sexuellen Freundschaftsbeziehungen zwischen Männern und Frauen, die schließlich in das Konzept einer »zärtlichen« Ehe mündete. Die lebenslange Ehe für die ihrem Ehemann auf Gedeih und Verderb ausgelieferten Frauen erträglicher zu machen, war über Jahrhunderte das zentrale Anliegen und sollte es noch bis ins 20. Jahrhundert bleiben, etwa wenn um die Strafbarkeit der Vergewaltigung in der Ehe gekämpft wurde bzw. darum, Femizid als Mord statt als ›Beziehungstat‹ zu ahnden. Den entscheidenden Strategiewechsel vollzog die Aufklärung in der zweiten Hälfte des 18. Jahrhunderts. Ein Text steht dafür wie kein anderer: Olympe de Gouges' *Erklärung der Rechte der Frau und Bürgerin*.

Heute ist kaum mehr vorstellbar, wie es sich angefühlt haben muss, zum ersten Mal – etwa ein Jahr vor Hippel – das bis dahin *Undenkbare* zu *fordern*: gleiche Rechte für Frauen. Anders als für männliche Sklaven gab es für Frauen keinen Zustand *ante*, keine Erinnerung an eine freie Vergangenheit an ihrem Herkunftsort oder dem Herkunftsort der Eltern vor der Versklavung. Der Ort geschlechtlicher

Egalität war für Frauen eine Utopie, für viele Männer jedoch ein Unort. Alle Staats- und Bürgerrechtsdebatten bezogen sich selbstverständlich auf Männer, und selbst die hochachtungsvollsten galanten Diskurse über die theologische, sittliche oder moralische Überlegenheit der Frauen mussten sich im Kreis unverbindlicher männlicher Selbstverpflichtungserklärungen drehen, solange die Frau das Objekt väter- und ehemännlicher Souveränität blieb. Was konnte über ihnen stehen; was die Rechte von Frauen garantieren, wenn nicht: der Staat? Die Idee ist deshalb so revolutionär, weil sie alle anderen Besitzverhältnisse aushebelt.

Dass Frauen im Zuge der Französischen Revolution auch Rechte für sich einforderten, erscheint naheliegend, doch unterschieden sich die Volksbewegungen radikal von den intellektuellen Zirkeln der Pariser Salons. Was der Sturm auf die Bastille für die Männer war, war der Oktobermarsch der Markthändlerinnen – vornehmlich des Pariser Fischmarktes – nach Versailles am 5. Oktober 1789 für die Frauen. Doch die Sansculottinnen – wörtlich bedeutet *sans culottes* etwa ›ohne Hosen‹, was aber die langen Hosen der Arbeiter und Soldaten im Gegensatz zu den Kniebundhosen des Adels meint – forderten keineswegs Partizipation für sich selbst oder stellten das androzentrische Gesellschaftssystem in Frage. Ihnen ging es um niedrigere Preise für Brot, damit ihre Familien nicht verhungerten, und Wein, damit sie die schwere Arbeit auf den Märkten unter allen Witterungsbedingungen ertragen konnten.

Die Idee weiblicher Bürgerrechte fiel um 1790 buchstäblich vom Himmel. Bislang lässt sich nicht entscheiden, ob zuerst in ein weibliches oder männliches Hirn. Relativ sicher aber lässt sich als Geburtsort des Gedankens einer der

Pariser Salons annehmen, in dem sich die sogenannten Girondisten trafen. Zum erweiterten Kreis dieser nach heutigen Begriffen liberalen und gemäßigten Gruppierung gehörten alle Protagonistinnen und Protagonisten einer universellen Menschenrechtsbewegung. Darunter Olympe de Gouges, Sophie de Grouchy und ihr Mann Marie Jean Antoine Nicolas Caritat, Marquis de Condorcet sowie Marie-Jeanne und Jean-Marie Roland. Condorcet forderte in seiner Schrift *Sur l'admission des femmes au droit de cité* (*Über die Aufnahme der Frauen ins Bürgerrecht*) im Juli 1790 das uneingeschränkte Bürger- und Wahlrecht für Frauen.

Condorcets Traktat umfasst nur etwa drei Seiten, gleichwohl nimmt er darin wesentliche Argumente von Hippels Abhandlung nahezu wörtlich vorweg, wenn er etwa menstruationsbedingte Unpässlichkeit von Frauen gegen ebenfalls regelmäßige Gichtanfälle aufrechnet (bis heute treffen 90 Prozent aller Gichtanfälle biologische Männer). Auch der terminologische Vorwurf männlicher »Tyrannei« deckt sich. »Gibt es einen stärkeren Beweis für die Macht der Gewohnheit, selbst unter aufgeklärten Männern, die das Prinzip der Gleichberechtigung bei drei- oder vierhundert Männern verletzt sehen, aber zugleich [...] dieses Unrecht bei zwölf Millionen Frauen *übersehen*?«[21] Womit Condorcet bereits andeutet, dass die bisherigen Freiheitsbegriffe von Rousseau oder Diderot und natürlich der der Jakobiner, die egalitäre Rechte ablehnten, nicht mehr waren als Klientelpolitik in eigener Sache. Besonders radikal formuliert er dagegen, dass der egalitäre Universalismus nicht nur progressiv auf andere, sondern auch reflexiv auf das Subjekt zurückwirke. »Entweder hat kein Individuum der menschlichen Spezies echte Rechte, oder alle haben die gleichen; und wer gegen die Rechte eines anderen stimmt, unabhängig von seiner Religion, seiner Hautfarbe oder seinem Geschlecht, hat daher seinen eigenen abgeschworen.«

Das Grundgesetz der Bundesrepublik Deutschland formuliert diesen Gedanken fast identisch, trennt jedoch das Recht in Artikel 3 von dessen versuchter Verweigerung in Artikel 18, die zur »Verwirkung von Grundrechten« führen kann. Auch wenn alle bisherigen Klagen auf die Anwendung von Artikel 18 auf Rechtsextreme vor dem Bundesverfassungsgericht gescheitert sind, gehört dieses Prinzip zu den Grundlagen der vielbeschworenen »wehrhaften Demokratie«.

Das Rechtszugeständnis ist bei Condorcet wie im Grundgesetz kein generöser Akt und keine konjunktivische moralische Verpflichtung wie in Kants kategorischem Imperativ (»Handle nur nach derjenigen Maxime, durch die du zugleich wollen kannst, dass sie ein allgemeines Gesetz werde«). Vor allem ist es der Macht und dem Ermessen des Einzelnen entzogen und dem die Grundrechte schützenden Staat übertragen. Die sprachliche Formel »jedes Individuum der menschlichen Spezies«[22], mit der Condorcet – oder die oft für ihn schreibende Sophie de Grouchy – das *l'homme*-Problem umgeht, ist nicht nur ein besonders schönes Beispiel für die Eleganz *und* gleichzeitige Präzision gegenderter Sprache, sondern auch schlagender Beweis für deren lange politische Bedeutung.

De Gouges bezeichnete sich bereits seit 1788 in ihren Schriften als »Citoyenne« und *vollzog* damit bereits den entscheidenden Schritt von der privaten Frau, auf die sich Emanzipationsbestrebungen innerhalb der Ehe bezogen, hin zur öffentlichen weiblichen Stimme. »Citoyenne« in der

Bedeutung ›Bürgerin‹ taucht zwar bereits im *Dictionnaire de l'Academie française* von 1694 auf, bezeichnet aber anders als beim männlichen »Citoyen« nicht die Inhaberin bürgerschaftlicher Rechtstitel, sondern eine Stadtbewohnerin, deren Rechte – wie die von Kindern und Dienstboten – lediglich in der Teilhabe an denen ihres Mannes bestehen.[23] De Gouges' *Déclaration des droits de la Femme et de la Citoyenne* (1791) vollzieht damit den entscheidenden Wechsel. Ob diese Bürgerin auch eine liebende Mutter ist – was de Gouges war – oder wie Angela Merkel gerne Streuselkuchen bäckt, fällt nicht ins Gewicht, da es zur eigenständigen Subjektposition und damit zu politischer Tätigkeit nicht im Widerspruch steht. Die deutsche Öffentlichkeit lernt dies erst im 21. Jahrhundert angesichts einer neuen Generation von Politikerinnen, die wie Annalena Baerbock ihre Kinder in der Obhut des Vaters lassen. Die abtrünnige Rousseauistin de Gouges hebelt Rousseaus auf Tausenden von Seiten entwickeltes Unterordnungsprogramm mit einem einzigen Satz aus. Indem sie wie Hippel das androzentrische Weltbild ablehnt, löst sich auch die Notwendigkeit einer Androgynisierung der Frau zur Amazone auf, an der sich Autorinnen insbesondere in Frankreich von Christine de Pizans *Stadt der Frauen* (1404) bis zu Monique Wittigs *Les Guérillères* (1969) abgearbeitet haben.

De Gouges' *Erklärung der Rechte der Frau und Bürgerin* ist der bis heute unübertroffene Beleg für die juristisch-politische Relevanz des Genderns. Dies tritt besonders klar hervor, wenn der Text direkt neben die *Erklärung der Menschen- und Bürgerrechte* vom 26. August 1789 gelegt wird.[24] Wie heute das Gendersternchen politisch Reaktionäre zwischen dem Verein für deutsche Sprache und CDU/CSU zu antidemokratischem Aktivismus bewegt, ließ diese gegenderte Version ihrer – bis heute – als menschheitlicher Wendepunkt gefeierten *Déclaration* bei den radikalpatriarchalen Jakobinern alle Alarmglocken läuten:

Artikel 1 1791	Die Frau wird frei geboren und bleibt dem Mann gleich an Rechten.
Artikel I 1789	Die Menschen sind und bleiben von Geburt an frei und gleich an Rechten.

Paragraph für Paragraph wird durch*dekliniert*, dass Frauen bei der generischen Verwendung von *l'homme* – wie beim Wort *men* der amerikanischen Unabhängigkeitserklärung – nicht nur *nicht* mitgemeint, sondern ausdrücklich *ausgeschlossen* werden (und im französischen Staat bis 1944 nicht wählen durften). »Daher kennt die Ausübung der natürlichen Rechte der Frau keine andere Grenze als die der fortwährenden Tyrannei, die der Mann ihr entgegensetzt. Diese Grenzen müssen durch die Naturgesetze und die Gesetze der Vernunft reformiert werden.« Wie bei Hippel treffen Natur und Vernunft in der Frage der Gerechtigkeit zusammen. Bemerkenswerterweise erschüttert Hippels Vorschlag gleicher Rechte das System des aufgeklärten Absolutismus nicht in seinen Grundfesten. Wohl deshalb präferierte er, wie viele Autorinnen und Autoren der deutschsprachigen Aufklärung, den direkten Übergang vom aufgeklärten Absolutismus zur egalitären Demokratie ohne Umweg über die Republik, da Letztere wie in der Antike Klassen, in Frankreich Geschlechter von der Teilhabe ausschließt. Entsprechend entlarvt de Gouges' Gegenüberstellung den angeblich perfekten Zustand republikanischer

Männerfreiheit als *fortdauernde Tyrannei* und entzieht damit den herrschenden Revolutionären nach Natur- und Vernunftrecht die Legitimation. Wie Hippel fordert de Gouges, dass Frauen zu allen Ämtern der Legislative, Exekutive inklusive Polizei und Wirtschaft zugelassen werden (Artikel 6, 13 und 14). Berühmt ist ihr Satz zur Meinungsfreiheit (Art. 10): »Die Frau hat das Recht, aufs Schafott zu steigen; sie soll ebenso das Recht haben, auf die Rednertribüne zu steigen«, weil er ihr Schicksal vorwegnimmt. Doch die vielleicht größte Sprengkraft hatte eine aus heutiger Sicht eher unscheinbare Ergänzung in Artikel 11:

> Die freie Gedanken- und Meinungsäußerung ist eines der kostbarsten Rechte der Frau, da diese Freiheit die gesetzliche Vaterschaft gegenüber den Kindern sicherstellt. Jede Bürgerin darf daher frei sagen: ›Ich bin die Mutter eines Kindes, das von Euch ist‹, ohne dass ein barbarisches Vorurteil sie dazu zwingt, die Wahrheit zu verbergen.

Sie fordert eine Unterhaltspflicht für Väter unehelicher Kinder, die Frauen und ihre Kinder vor gesellschaftlichem wie wirtschaftlichem Elend und insbesondere die Töchter vor einer Zukunft als Prostituierte bewahren sollte. De Gouges wusste, wovon sie schrieb. Hatte doch ihr eigener Vater, ein Dichter aus niederem Adel, ihre kleinbürgerliche Mutter zwar als Sexualpartnerin, nicht aber als Ehefrau für akzeptabel gehalten. Männer zur Anerkennung ihrer Kinder zu zwingen, ist eines der großen emanzipatorischen Anliegen de Gouges', das sich durch viele ihrer Texte zieht und geschlechtliche, soziale und wirtschaftliche Reformvorschläge verbindet. Die Verleugnung seiner Nachkommenschaft ist für den Mann in der Gegenwart des 18. Jahrhunderts das sprichwörtliche Kavaliersdelikt, also eine Straftat, die keine ist, aufgrund seines Herrschaftsanspruchs als ›Kavalier‹ bzw. ›Ritter‹, in dem neben der Galanterie auch das ›Reiten‹ als Metapher für penetrierenden Sex mitschwingt. Obgleich Sex außerhalb der Ehe nach den Regeln des Christentums für beide Geschlechter verboten ist, wird das Delikt bei (Ehe-)Männern weggezwinkert, bei Frauen scharf geahndet. Doppelt gestraft sind unverheiratete Frauen mit vollständiger gesellschaftlicher Ächtung und daraus resultierendem wirtschaftlichem Elend, das zuverlässig für weitere uneheliche Kinder sorgen wird, da Frauen nichts anderes bleibt, als sich nach weiteren ›Gönnern‹ umzusehen – der Übergang zur systematischen Prostitution ist also fließend. »Ein Gesetz« hingegen, das »unbeständige Männer zur Einhaltung ihrer Verpflichtungen oder zu einer Entschädigung zwingt, die sich nach ihrem Vermögen bemisst«, würde das Geld des reichen, eventuell sogar unverheirateten biologischen Vaters an seine in ärmeren Verhältnissen aufwachsenden Kinder fließen lassen und damit deren Familien helfen, statt sie in immer weitere Abwärtsspiralen zu treiben.

De Gouges' *Entwurf eines Gesellschaftsvertrags für Mann und Frau* sieht daher den selbst für heutige Verhältnisse spektakulären universellen Patchworkfamilien-Passus vor, »dass unsere Habe unmittelbar unseren Kindern zukommt, aus welchen Betten sie auch immer entsprungen sein mögen, und dass sie alle ohne Unterschied das Recht haben, den Namen der Väter und Mütter zu tragen, die sie als solche anerkannt haben«.[25]

Besonders die Autorinnen der egalitären Aufklärung verbinden die Rechte der Frau mit sozialer Umverteilung und greifen damit das zweite ungelöste Problem der *Déclaration* auf, die stattdessen in Artikel 17 die Besitzrechte heiligt. Wollstonecraft fordert in *Verteidigung der Rechte der Frauen* (1792) dazu das Ende der Primogenitur (Erstgeburtsrecht), eine gerechte Verteilung des Erbes auf alle Nachkommen und die Anerkennung nicht-ehelicher Partnerschaften durch die Gleichstellung der Geliebten und ihrer nicht-ehelichen Kinder mit der Ehefrau, bei gleichzeitigem Verbot der Polygamie. Das von de Gouges geforderte Gesetz, »das das Verleugnen des eigenen Blutes bestraft«, hätte aber nicht nur die Pariser Gesellschaft über Nacht auf den Kopf gestellt, sondern noch mehr das rassistische System in den Kolonien, deren Plantagenbesitzer vielfach ihre leiblichen, mit Sklavinnen gezeugten Kinder versklavten! »An diesen Orten [...] verleugnet der Vater den Sohn; taub gegen die Rufe des Blutes.«

Ihren Abschluss findet de Gouges' *Erklärung* damit, dass sie den spektakulärsten denkbaren Präzedenzfall für Condorcets Drohung mit dem Entzug der bürgerlichen Rechte definiert: Er ist nichts Geringeres als die Verfassung der Republik Frankreich. In Artikel 16 der *Déclaration* von 1789 heißt es: »Eine Gesellschaft, in der die Garantie der Rechte nicht gesichert und die Trennung der Gewalten nicht festgelegt ist, hat keine Verfassung.« De Gouges fügt hinzu: »[D]ie Verfassung ist nichtig, wenn die Mehrheit der Individuen, die die Nation bilden, nicht an ihrer Ausarbeitung beteiligt war.«

Die männlich dominierte Geschichtsschreibung hat in einer »doppelten Hinrichtung«[26] nicht nur versucht, de

Gouges' Bedeutung mit moralischen Argumenten kleinzureden, sondern zudem ihre Ermordung unter der Guillotine am 3. November 1793 damit begründet, dass sie eine Royalistin und damit legitime Feindin der Revolution gewesen sei. Doch das Todesurteil formuliert eindeutig als Begründung die Wahrung männlicher Alleinherrschaft: »Olympe de Gouges [...] hielt ihr Delirium für eine Inspiration der Natur. Ein Staatsmann wollte sie sein, und das Gesetz hat die Verschwörerin dafür bestraft, dass sie die Tugenden vergaß, die ihrem Geschlecht geziemen.«[27] Offenbar hielten die Jakobiner sie und ihre *Erklärung* für so brandgefährlich, dass sie für die eilige Hinrichtung sogar gegen ihre eigenen Gesetze verstießen. Denn eigentlich durfte eine schwangere Frau nicht bzw. erst nach der Geburt ihres Kindes getötet werden. Olympe de Gouges war nach eigenen Angaben zum Zeitpunkt ihrer Verurteilung in der fünften Schwangerschaftswoche. Doch statt einfach einige Wochen abzuwarten, bis die Schwangerschaft sich eindeutig abzeichnet, wie dies bei Mörderinnen praktiziert wurde, wurde sie hastig einer gynäkologischen Untersuchung unterzogen, die die Schwangerschaft leugnete.

De Gouges' Deklaration ist keine reine »Frauenrechtserklärung«, sondern die Erklärung *universeller Menschenrechte* im vollen Bewusstsein ihrer gesamtgesellschaftlichen und globalen Konsequenzen. Die Auseinandersetzung mit der Sklaverei und die Forderung nicht nur nach deren Ende, sondern nach der Identifikation der europäischen weißen mit versklavten schwarzen Menschen stand am Beginn ihrer literarischen Karriere. Das Theaterstück *Zamore und Mirza* schrieb de Gouges ab 1783 und damit etwa sechs Jahre vor den Gründungen der ersten englischen und französischen Abolitionsgesellschaften. Um der französischen bzw. Pariser Gesellschaft ein halbwegs realistisches Bild der grausamen Lebenswirklichkeit zu zeichnen, vermengt das Stück Hinweise auf afrikanische und indigene Abstammung, was das Protagonistenpaar zu Prototypen aufgrund der Hautfarbe versklavter Menschen macht.

Die Comédie Française nahm das Stück 1785 an, brachte es jedoch nach diversen Kabalen und zähen Verhandlungen nur widerwillig 1789 für wenige Vorstellungen auf die Bühne. De Gouges bekniete förmlich die Darstellerinnen und Darsteller, sich in der Aufführung als schwarze Menschen zu präsentieren. Dass weiße Menschen sich bzw. ihr Gesicht für eine Theatervorstellung schwarz anmalen, ist heute infolge des sogenannten ›Blackface‹ der rassistischen *Minstrel Shows* in den USA ab 1840 als theatrales Verfahren diskreditiert. Doch nicht nur lagen derlei Shows in den 1780er Jahren noch weit in der Zukunft, de Gouges bezweckte mit ihrer Forderung zudem den diametral entgegengesetzten Vorgang: Schauspielerinnen und Schauspieler der ehrwürdigen, von keinem Geringeren als Ludwig XIV. gegründeten Institution, die das bürgerliche, aufklärerische und auch revolutionäre Theater im Sinne Diderots und Voltaires verkörperte, sollten *in die Haut* schwarzer Menschen schlüpfen. Wie in einem säkularen *Ecce Homo* sollten sie zunächst im Garderobenspiegel sich selbst im Anderen erkennen und dann dem Publikum von der Bühne herab zeigen, »dass es Gewalt und Vorurteil waren, die sie zur schrecklichen Sklaverei verdammt hatten, dass die Natur hieran keinen Anteil hatte, und alles nur auf das ungerechte und mächtige Interesse der Weißen zurückzuführen war. [...] [W]orin unterscheiden sich die Weißen von dieser

Art von Mensch? In der Farbe.« De Gouges ist damit die erste, entschiedenste und einflussreichste Anti-Sklaverei- und Anti-Rassismus-Autorin der Französischen Revolution.

In Hippels, Condorcets, de Gouges', Wollstonecrafts und in vielen weiteren egalitären Texten der Aufklärung stehen durchgängig die Begriffe ›Sklavin‹[28] und ›Sklaverei‹ den Worten ›Tyrann‹ und männliche ›Tyrannei‹ gegenüber. Die Ausbeutung europäischer Sklavinnen und schwarzer Sklaven aller Geschlechter wird als gemeinsame Menschenrechtsverletzung gedacht und ihre gleichzeitige Einsetzung in die allgemeinen Menschenrechte gefordert, kombiniert mit einem Bildungsprogramm, das ihnen die Wahrnehmung ihrer Rechte ermöglichen soll. Wie eng Bildung und Demokratie zusammenhängen, wusste das 18. Jahrhundert. Auch wir beginnen es heute wieder zu begreifen, seit die weltweit unter wirtschaftsliberalistischer Herrschaft erodierten Bildungssysteme den Weg für Populismus und Faschismus geebnet haben und sogar innerhalb der heranwachsenden Generationen einen Keil zwischen die Geschlechter treiben.

6. Erziehung der Frau oder weibliche Erziehung?

Keine der kanonischen Naturrechtslehren des 18. Jahrhunderts formuliert eine Gleichstellung von Mann und Frau. Im Gegenzug postulieren alle egalitären Aufklärungstexte eine naturrechtliche Gleichheit. Auch Wollstonecraft arbeitet sich in *Verteidigung der Rechte der Frauen* an Rousseau ab. Wie de Grouchy mit Condorcet die gemeinsame *Tochter* nach dem *Émile* erzog, wendet sie Teile der Rousseau'schen Erziehungsvorschläge auf Mädchen an, entbinarisiert sie damit und verbindet dies mit einer scharfen Kritik an Rousseaus Naturrechtslehre. Diese verbreite sein sexistisches und konsumistisches Frauenbild, das Frauen zu Dummheit erziehe und dann dafür kritisiere. »Rousseau verkündet, eine Frau sollte sich niemals, nicht für einen Augenblick unabhängig fühlen; stets solle sie von Angst beherrscht sein, damit sie ihre natürliche List gebraucht und als kokette Sklavin ein noch verlockenderes Objekt männlichen Begehrens wird. [...] Welch Schwachsinn!«

Anders als Rousseau ist Wollstonecraft praktische Bildungsexpertin. »Ich hatte wahrscheinlich die Gelegenheit, mehr Mädchen in ihrer Kindheit zu beobachten, als J. J. Rousseau.« Aus ärmlichen Verhältnissen stammend, eignete sie sich ihre umfassende Bildung überwiegend autodidaktisch an und gründete 1780 in London eine Mädchenschule. Gleiche Bildung empfiehlt sie in ihren Schriften wie Hippel als Grundlage geschlechtlicher Egalität. Statt sie zu Unterordnung und Schwäche anzuleiten, müssten Mütter daher ihren Töchtern das Gegenteil der in Rousseaus binärem Erziehungsmodell für Mädchen empfohlenen Erziehung angedeihen lassen: viel Bewegung in frischer Luft, Freiheit und ein eigenes Urteil. Systematisch überträgt sie das Rousseau'sche Erziehungsmodell für Jungen auf Mädchen. »Dies war Rousseaus Überzeugung bezüglich Männern: Ich erweitere sie auf Frauen.« »Frauen, nicht nur als moralische, sondern als rationale Wesen betrachtet, sollten sich bemühen, menschliche Stärken (und Vollkommenheiten) im selben Maße zu erwerben wie Männer, statt erzogen zu werden wie eine Art hübscher *Halb*wesen – einer wilden Chimäre Rousseaus.«[29] Wie Hippel empfiehlt sie gemeinsames Aufwachsen als Mittel gegen den Geschlechterkampf, da die abwertende geschlechtliche Binarität Kindern nicht angeboren ist, sondern anerzogen wird.

Die Probe aufs Exempel kann in der Welt des 18. Jahrhunderts aber nur die Literatur liefern. Christian Fürchtegott Gellert, einer der wichtigsten Autoren der mittleren Aufklärung, war überzeugt, dass es gesellschaftlich sinnvoller sei, junge Frauen zu bilden, als junge Männer. Die Ich-Erzählerin seines Erfolgsromans *Leben der Schwedischen Gräfin von G**** (1747/48) schildert knapp 15 Jahre vor Rousseaus *Émile* die Prinzipien, nach denen sie von ihrem akademisch gebildeten Cousin erzogen wurde: »Vormittage [...] als ein Mann und Nachmittage als eine Frau.« Gemeinsam mit den Söhnen des Hauses genießt sie eine nonbinäre Erziehung, die jedoch nicht wie bei Amazonen in Reiten und Fechten, sondern aus Sprachen und Wissenschaften besteht. Nicht »gelehrt« soll sie werden, sondern »nur klug«. Wie ernst es dem Text mit der Mündigkeit der Frau ist, zeigt das Verhältnis von Autorität und Einsicht: »Ich durfte meinem Vetter nichts auf sein Wort glauben, ja er befahl mir in Dingen, die noch über meinem Verstand waren, so lange zu zweifeln, bis ich mehr Einsicht bekommen würde.«

Der Roman wird seine Heldin zur Bigamistin machen; mit ihren zwei ebenbürtig aufgeklärten Ehemännern, die ihren auf Vernunft und Empfindsamkeit gegründeten Entscheidungen folgen, lebt sie am Ende zu dritt. Gelingende Beziehungen – denn darum geht es dem Roman – erreichen ihren Höhepunkt nicht durch untergeordnete sexuelle Verfügbarkeit der Frau, sondern im Moment geistiger Ebenbürtigkeit. Dennoch predigt Gellert keine fleischlose Freundschaftsehe: »[W]er uns beredet, daß er nichts als die Vollkommenheiten des Geistes an einer Person liebt, der redet entweder wider sein Gewissen, oder er weiß gar nicht, was er redet.«[30] Indem die Frauen sozial stark und aktiv werden, öffnet sich im Gegenzug für die Männer der Raum geistig-seelischer Entwicklung jenseits patriarchaler Dominanz, Patrilinearität und sie behindernden Ehrencodices. So können die beiden Ehemänner der Gräfin als Freunde leben, statt einander als Rivalen zu töten. Das Pendant der starken und unabhängigen Frau ist nicht der schwache, sondern der empfindsame Mann.

Dass die Literatur eine neue Welt zu erträumen vermag, aber wenigstens in Frauensachen am Ende hart auf dem Boden der unzulänglichen Realität aufschlägt, antwortete darauf Sophie von La Roche. 1771 erschien ihre *Geschichte des Fräuleins von Sternheim*, der erfolgreichste Briefroman vor Goethes *Werther*. Darin begründet sie ihre Skepsis knapp 100 Jahre vor Marx und 200 vor dem feministischen Marxismus mit der Verbindung von Patriarchat und Geld.

Die Protagonistin Sophie wird von ihrem Vater nach dem Vorbild der schwedischen Gräfin erzogen: »[W]eil das Fräulein eine große Anlage von Verstand zeigte, beschäftigte er diesen mit der Philosophie, nach allen ihren Teilen, mit der Geschichte und den Sprachen, von denen sie die englische zur Vollkommenheit lernte.« Was die bald verwaiste und in allen Menschen nur Gutes vermutende Sophie im Verlauf der Handlung schmerzlich lernen muss, ist Tugend von »Scheintugend« zu unterscheiden. Das weibliche Bildungsprogramm in der Welt ist eine Schule des Misstrauens, und die Autorin lässt Sophie statt auf Gellerts gute Seelen auf ein ganzes Arsenal niederträchtigster Verwandter treffen. Wie bei Gellert geht es beständig um Geld. Doch hier werden die Probleme damit nicht gelöst, sondern erst geschaffen: Da Geld immer in den Händen der Männer ist, verkörpert es die patriarchale Macht, Frauen zu kaufen. Sophie lernt ferner, dass eine auch von Wollstonecraft verurteilte ›Charity‹ nur die Macht gebender und die Abhängigkeit auf Almosen angewiesener Menschen fortführt. An die Stelle des patriarchal vergifteten Geldes tritt weibliche Hilfe zur Selbsthilfe. Vom Libertin Lord Derby mit einer Scheinehe gesellschaftlich ruiniert, wird sie als Lernende und Lehrende eine ganze Reihe von Mädchen erziehen, bis hinab zu den Ärmsten der Armen. Deren Ausbildung zu qualifizierten Servicekräften nimmt unübersehbar das Vorbild der Franck'schen Stiftungen auf und mag heute wenig revolutionär erscheinen. Doch sie bewahrt die Mädchen vor einer Zukunft als Missbrauchsopfer, Prostituierte oder Ehefrauen am unteren Ende der gesellschaftlichen Leiter. Ob Sophies Jungfräulichkeit die fingierte Hochzeitsnacht überdauert, lässt der Text geschickt in der Schwebe – und macht damit deutlich, dass ihre »Tugend« nicht mit der Episode endet, sondern beginnt!

Der Roman zeichnet eine Serie reinweiblicher Utopien, in denen Sophie und mit ihr die Handlung zur Ruhe kommt, ehe die Nachstellungen Lord Derbys sie wieder vorantreiben. Doch Sophie stirbt nicht (wie Samuel Richardsons Romanfigur Clarissa) den Tod der verfolgten Unschuld, sondern überlebt zäh ihr eigenes Begräbnis. Obgleich sie keine Lust darauf hat, willigt sie schließlich in die Ehe mit ihrem Verehrer Lord Seymour ein und bringt in kurzer Folge zwei Söhne zur Welt. Das ist kein Kitsch, sondern die eigentliche Katastrophe. Denn die bis dahin beredte Briefschreiberin, die buchstäblich noch aus dem Sarg ihre Stimme erhob, verstummt mit der Heirat. Sophie trägt nicht einfach den Namen ihrer Schöpferin Sophie von La Roche, in ihrem Namen steckt die ›Weisheit‹, die die Philosophen lieben. Als Philosophin ist sie das genaue Gegenteil der Sophie, die Rousseau für seinen *Émile* erzieht. An Letzteren richten sich ihre Briefe, allerdings an seine *weibliche* Form: »Emilia« lautet der Name von Sophies Freundin und Adressatin.[31]

Als weiblicher *Émile* ist die *Sternheim* zugleich ein dezidierter Anti-*Émile* und greift weit über ihr kritisiertes Vorbild hinaus. Denn Sophie lernt ihre zentralen Lektionen alleine in Konfrontation mit der schlechtesten aller Welten, statt in idyllischer Natur von einem umsichtigen Erzieher. La Roche nannte ihren Roman ihr »papiern Mädchen«,[32] doch darin steckt mehr Herzblut als in allen anderen Schriften der egalitären Aufklärung, denn sie schrieb aus der Perspektive von Thérèse Levasseur. Ihr Mann hatte ihr 1766 die beiden leiblichen Töchter Luise und Maximiliane im

Alter von sieben und zehn Jahren weggenommen, um sie standesgemäß in einem katholischen Kloster erziehen zu lassen, eine Sitte, die auch Françoise Graffigny in ihren *Briefen einer Peruanerin* (1747) – die La Roche gelesen hatte – beklagt. La Roche drohte den Verstand zu verlieren; allein um die abwesenden Mädchen kreisten ihre Gedanken. Ein befreundeter Pfarrer gab ihr den Rat, sie zu Papier zu bringen. Doch anders als Thérèse war La Roche keine verwaiste Mutter. Von ihren insgesamt acht Nachkommen hatte sie nicht nur den neunjährigen Fritz bei sich, an ihrer Brust hing zudem der neugeborene Carl, denn sie gehörte zu den Pionierinnen des Selbststillens, während die meisten bürgerlichen und adeligen Familien im 18. Jahrhundert Ammen beschäftigten. Genau dieses Schicksal ereilt auch ihre Protagonistin. Statt der Töchter, an die sich ihre *Geschichte* richtet und denen sie ihr bisheriges Leben widmete, bekommt sie wie zur Strafe für die Rückkehr ins patriarchale System ebenfalls zwei Söhne, die sofort patriarchal definiert werden. Der erste wird zum Stammhalter des Ehemannes, der jüngere soll nach dem Abstillen dem ledigen Bruder ihres Mannes, Lord Rich (der Sophie auch gerne geheiratet hätte) gegeben werden, um dessen Erbe zu werden. Doch Lord Rich entzieht Sophie nicht nur das Kind, das in einer exakten Kopie von Rousseaus *Émile* »keinen andern Hofmeister, keinen andern Begleiter auf seinen Reisen haben [soll]. [I]ch schlafe neben seinem Zimmer; ja ich baue ein Haus am Ende des Gartens, in das ich mit ihm ziehen werde, wenn er volle zwei Jahre alt sein wird.« Mit dem Kind okkupiert er auch den Text, der mit seinem Brief endet.

Es gibt noch weitere Irritationsmomente: Unter dem patriarchalen Blick des Schwagers wird Sophie in einer der ersten literarischen Würdigungen adeligen Stillens gezeigt, nachdem zwischen der ersten und der zweiten Schwangerschaft nur »einige Monate«[33] vergangen sind. Dass sie trotz der kontrazeptiven Wirkung des Stillens – das deshalb von vielen feministischen Autorinnen des 18. und 19. Jahrhunderts empfohlen wurde – sofort wieder schwanger wurde, wird auf das »lodernde Feuer« der Leidenschaft ihres Ehemanns zurückgeführt. Sophie hat mit ihrer Autonomie nicht nur ihre Stimme verloren, sie ist den sexuellen Übergriffen ihres Ehemanns und der patriarchalen Ausbeutung als patrilineare Gebärmaschine schutzlos ausgeliefert. Bereits die Einleitung der fiktiven Herausgeberin deutet an, dass sie kurz darauf sterben wird.

7. Sklavinnen und Kolonialismus

1711 publizierte Richard Steele im ersten Jahrgang der moralischen Wochenschrift *The Spectator* eine kleine Geschichte. Der junge englische Kaufmann Thomas Inkle strandet in der Karibik. Die indigene Yariko nimmt sich seiner an, beide verlieben sich und Inkle überredet Yariko, mit ihm nach London zu gehen. Als sie tatsächlich von einem europäischen Schiff aufgegriffen werden, erwacht Inkles Kaufmannsgeist; er verkauft Yariko als Sklavin. Als sie ihm sagt, dass sie ein Kind von ihm erwartet, erhöht er ihren Preis. Die Geschichte ist schematisch und zugleich perfekt; mit klarem, fast plattem Appell. Doch weil sie die *unnatürliche* Realität der Sklaverei in einer so schnörkellosen Fabel abbildet, gehört sie zu den meistbearbeiteten Stoffen des 18. Jahrhunderts.

Gellert führt in *Inkle und Yariko* (1749) in genau 100 Versen die patriarchale Herrschaft des Mannes über die Frau mit dem Kapitalismus zusammen, zur Formel für Kolonialismus und Sklaverei. Unter den Bedingungen eines geld- und gesellschaftsfreien Zusammenlebens sind Inkle und die namenlose Frau einander ebenbürtig, beziehungsweise sorgt sie für Nahrung und eine schöne Behausung, während Inkle in kindlicher Abhängigkeit verharrt. Dennoch ist die Harmonie so echt, dass das Paar sogar eine eigene Sprache findet.

> Die Liebe flößt dem Paar bald eine Mundart ein.
> Sie unterreden sich durch selbst erfundne Töne.
> Kurz, er versteht sein Kind, und ihn versteht die
> Schöne.

Aus dem paradiesischen Zustand heraus will Inkle seiner da noch namenlosen Partnerin tatsächlich London zu Füßen legen. Sein Entschluss kippt in dem Moment, in dem er in den Referenzrahmen des kapitalistischen Patriarchats zurückkehrt, in »Barbados; doch dieses war der Ort / Wo Inkle ganz bestürzt sein Schicksal überdachte« – nämlich sich daran erinnert, dass er auszog nach Reichtümern, aber mit leeren Händen zurückkehrt. Daraufhin wird die (indigene) Frau von der Partnerin zum letzten Besitz noch des ärmsten und gescheiterten Mannes. Bis heute ist dies das Versprechen aller religiösen Orthodoxien. Wie zentral das dem Mann gegebene Besitzversprechen an der Frau ist, lässt sich derzeit im Iran beobachten, dessen autokratisches Regime daran seinen Machterhalt koppelt.

Yariko – die hier unübersehbar für die Frau an sich steht – erhält ihren Namen erst im Moment des Verkaufs. Gellerts Schlussverse –

> O Inkle! du Barbar, dem keiner gleich gewesen;
> O möchte deinen Schimpf ein jeder Welttheil lesen!
> […]
> Sey stolz! Kein Bösewicht bringt dich um deinen Namen;
> Nie wird es möglich seyn, dein Laster nachzuahmen.[34]

– sind 1749 keineswegs die verzichtbare Wiederholung einer Moral, die bis dahin jeder verstanden hat, denn sie appellieren keineswegs an Rührung, Moral, Christlichkeit oder die Stimme der Natur gegenüber dem ungeborenen Kind. Sie schaffen einen Rahmen, der das alltägliche und legale Verbrechen der Sklaverei auf allen zur Verfügung stehenden Bewertungsebenen verurteilt: erstens als barbarisch, also außerhalb der zivilisierten Völker liegend, zweitens als schimpflich, da es den so Handelnden gesellschaftlich disqualifiziert, ausdrücklich überall auf der Welt, drittens als Straftat eines Bösewichts und schließlich als nicht zu steigerndes Laster, das theologisch den Tugenden gegenübersteht und die Sklaverei samt der Versklavung der Frau zur Todsünde macht. Inkles Verdammung im Diesseits soll sich im Jenseits fortsetzen. Gellerts Gedicht gehört mit Steeles Original zu den Höhepunkten der Kolonialismuskritik.

»Wenn alle Menschen frei geboren werden, wie kommt es dann, dass Frauen geborene Sklavinnen sind?«, fragt Mary Astell mit dem Wortspiel um die Doppelbedeutung des englischen *man* (Menschen/Männer) im Vorwort ihrer *Reflections upon Marriage* (1706). Gut 40 Jahre später und zwei Jahre vor Gellerts *Inkle und Yariko* gibt die französische Autorin Françoise de Graffigny der indigenen weiblichen Sklavin erstmals eine Stimme, die in den meisten – auch den emphatischen – Berichten aus den Kolonien fehlt.

Graffigny wusste, wovon sie schrieb. Mit 16 Jahren wurde sie zwangsverheiratet, der Ehemann vertrank und verspielte das Vermögen und verprügelte sie. Ein brieflicher Hilferuf an den Vater aus dem Jahr 1716 ist überliefert, in dem sie um ihr Leben fürchtet. Gegen den Widerstand der Familie und Umgebung setzte sie schließlich eine Trennung und Scheidung durch, um sich fortan als Hofdame und Bedienstete durchzuschlagen. Ab 1742 vermochte sie in Paris ein Haus zu mieten und eröffnete einen der wichtigsten Salons der Aufklärung, in dem neben Diderot auch Rousseau verkehrte. Zur Autorin wurde sie erst mit über

50 Jahren. Ihre empfindsame Komödie *Cénie* wurde 1750 an der Comédie Française ein großer Erfolg.

Anders als die Männerdomäne Schauspiel galt der französische Roman als Erfindung von Autorinnen wie Madeleine de Scudéry und Marie-Madeleine de La Fayette – und stand Anfang des 18. Jahrhunderts in entsprechend prekärem Ruf. Als 1745 eine aus Peru zurückgekehrte Expedition in Paris für eine Welle der Perubegeisterung sorgte, verfasste Graffigny auf der Grundlage der *Comentarios reales* (1609) von Inka Garcilaso de la Vegas, dem Sohn einer Inka-Prinzessin und ersten spanischsprachigen Inka-Schriftsteller, *Die Briefe einer Peruanerin*, die 1747 erschienen. Die fiktive Briefschreiberin Zilia könnte de la Vegas' Anfang des 16. Jahrhunderts geborene Mutter sein. Nachdem sie im Sonnentempel zur Ehefrau des künftigen Herrschers erzogen wurde, wird sie am Tag der Hochzeit von den Spaniern geraubt und mitsamt dem goldenen Tempelinterieur als Sklavin nach Spanien verschifft. Ihrem Bräutigam Aza schreibt sie aus dem Gefängnis im Bauch des Schiffes heraus Briefe in der Quipos-Knüpftechnik: »[D]ie Knoten beschäftigen meine Sinne und scheinen meinen Gedanken mehr Wirklichkeit zu verleihen; eine gewisse Ähnlichkeit, bilde ich mir ein, die sie mit den Wörtern haben, erzeugt Illusionen, die den Schmerz betäuben; so meine ich mit Dir zu sprechen.«

Die schriftkundige und den Abstraktions- und Ordnungsvorgang der Schrift reflektierende Zilia ist vom ersten Satz an das Gegenteil einer ›edlen Wilden‹. Als Urheberin des Briefromans blickt sie, die kulturell Gebildete, auf die Spanier und andere Europäer als kulturlos brutale »Wilde«. Als das Schiff gekapert wird, landet Zilia in einem magischen Zeitsprung im Frankreich des mittleren 18. Jahrhunderts. Der französische Kommandant Déterville verliebt sich dort in sie. »Zuweilen sagt er eine Menge Wörter dazu, die von der normalen Sprache seines Volkes gänzlich abweichen. Der Ton ist sanfter, klarer, verhaltener; und er spricht sie mit jenem bewegten Ausdruck, wie er den Tränen vorangeht, Seufzer, die die Nöte der Seele enthüllen, Laute, die beinahe Klagen sind.« In einer wunderbaren sprachphilosophischen Meditation darüber, ob Gefühle eine universelle Sprache haben oder kulturell geprägt sind, (miss)versteht sie die »Anbetung«: »[W]elches Gebet hätte er wohl an mich zu richten?« Ihr ethnologischer Blick imitiert und ironisiert die vorgefassten Schemata der europäischen Weltreisenden: »Ob das Volk hier wohl Götzen dient? Sonnenanbetung habe ich noch nicht gesehen; vielleicht sind Frauen ihre Kultobjekte.«

Locked in in einer hermetischen Sprache und Kultur, kommentiert sie nach ihrer Ankunft in Frankreich dessen Gesellschaft im Licht einer aufgeklärten Vernunft, also der Verbindung von Verstand und Gefühl. Nur Déterville und seine Schwester Céline »verstehen die Tugend und respektieren sie«. Sexistisch-rassistisch begrapschen dagegen die »wilden« Franzosen die indigene Frau, die ihre körperliche Unversehrtheit als universelles Recht verteidigt. Die aufgeklärten Menschen sind über kulturelle, sprachliche und biologische Barrieren hinweg verwandt: »Die Unbefangenheit Célines, ihre aufrichtige Güte [...] könnten einen glauben lassen, dass sie unter unseren Jungfrauen aufgewachsen sei. Die edle Sanftmut, das zarte und ernste Wesen ihres Bruders wiederum könnten vom Blut der *Inkas* zeugen.« Ab der Hälfte des Romans erhält Zilia Französisch- und

Schreibunterricht, verwendet die neue Schrift aber nur, da ihre Quipos zur Neige gehen und mit dem Schreiben »wieder Leben in mich zurückkehrt«. Mit der Geburt ihrer Autorinnenschaft wird der ferne Bräutigam immer mehr zur utopischen Projektion, verbunden mit der Erkenntnis, dass sie zwar noch immer unter der Sonne (dem Symbol der Aufklärung), aber nicht mehr im Reich der Vernunft ist und dass sie statt dem Bräutigam anderen Männern gehört. Die einsame Sklavin unterscheidet sich radikal von den Protagonisten in Montesquieus *Persischen Briefen* (1726), die als freie Männer in Paris eintreffen, die Landessprache beherrschen und als Angehörige der privilegierten Schicht respektvoll empfangen werden.

In der Mitte des Romans besucht Zilia zwei Theateraufführungen. Das Pathos der klassizistischen Tragödie stößt sie ab, da darin »die Blödesten und Boshaftesten« gefeiert werden, wohingegen die Inkas im Theater »nur die Vorbilder der Tugend« benötigen. Tugend ist aber in beiden Kulturen ein Bildungsprozess, der durch Kunst befördert wird. Obgleich Graffigny selbst zwar Schauspiele, aber keine Opernlibretti verfasste, lässt sie Zilia aus dem zweiten Theaterbesuch einer Opéra comique (heiteren Oper) die zentrale Theorie des 18. Jahrhunderts zum Ursprung der Sprache aus dem Gesang formulieren:[35]

> Töne, lieber Aza, werden wohl von allen gleich verstanden […]; mir war, als ob ich sie in unserer Sprache wahrnahm […].
>
> Die Sprache ist zweifellos eine menschliche Erfindung, denn sie unterscheidet sich von Volk zu Volk. Die Natur […] gab ihnen allgemein verständliche Mittel an die

Hand, um diese auszudrücken; mit den Liedern, die ich gehört habe, sind sie auf das Schönste nachgebildet worden.

Bis dahin galt die Musik als Gegenüber der Sprache, das Leidenschaften (Affekte) erregen oder die göttliche Harmonie evozieren, aber keine Semantik transportieren kann und daher nicht zur *Vernunft* spricht. Da jedoch die Vernunft der egalitären Aufklärung zur Hälfte im Herzen liegt, wird die Musik zur *universellen Sprache* und erfüllt damit den zentralen Menschheitstraum.

Rousseau sollte diese bahnbrechenden Gedanken ab 1750 zur Grundlage seiner musiktheoretischen Schriften machen. Erfunden hat sie jedoch Graffigny. Rousseau traf sie erst einige Jahre nach dem Erscheinen ihres Romans, als er, noch völlig unbekannt, ihren Salon besuchte. In Briefen äußert sich Graffigny positiv über seinen originellen Geist und greift seine Gesellschaftskritik aus dem *Diskurs über Wissenschaft und Künste* für die 1751er Fassung der *Peruanerin* auf. Rousseau sollte dafür in seinem theaterkritischen *Brief an Alembert* 1758 mit einem vergifteten Lob der *Cénie* über Graffigny herziehen, die er – in den Worten Diderots – weder als Autorin noch als Frau schätzte. Kein Wunder, galt es doch zu verschleiern, dass »seine« Ideen zur Musik von seinem Feindbild stammten: einer selbstbewussten *älteren* Dame und *Autorin*. Mit Julie, der Heldin *seiner Nouvelle Héloise*, sollte er 1761 eine regelrechte ›Anti-Zilia‹ erschaffen.

Zilias Reise ist der transkulturelle Vorgang par excellence, wie ihn Rafik Schami in *Eine deutsche Leidenschaft namens Nudelsalat*[36] beschreibt: Sie wird Französin, ohne aufzuhören, eine Inka zu sein. Sie lernt – neben Spiegeln und Kutschen – französische Bücher und Wissenschaften zu schätzen, also Medien der europäischen Aufklärung. Sie bedeuten eine Bereicherung, keine Auslöschung ihrer kulturellen Prägung. Am Ende des Prozesses wird sie stolz von sich sagen, dass sie besser Französisch kann als viele Französinnen, auch als die geliebte Céline, die wie die meisten Frauen (und La Roches Töchter) »in ein Kloster [ge]sperrt« wurde ab dem Augenblick, »wo sie in der Lage sind, unterrichtet zu werden«. Denn »nirgendwo in Frankreich kennt man die Selbstachtung, mit der man bei uns aufs Sorgsamste das Herz der Jungfrauen zu erfüllen sucht«. Die Protagonistin lässt kein gutes Haar an der Erziehung der Mädchen und an der Herrschaft der Männer, die »für alle Missstände in der Gesellschaft verantwortlich sind« und ihre Frauen und Töchter ungestraft körperlich, finanziell und seelisch zugrunde richten dürfen.[37] Doch auch die Partnerschaften der Inka sind nicht egalitär, sondern erinnern an das jüdische Patriarchat mit dem Mann als »Lenker«, »Stütze« und »Vorbild«, dem die Frau nacheifert. Doch ist eine derart asymmetrische Beziehung nach Zilias enormem Zugewinn an Wissen und Einsicht überhaupt noch erstrebenswert? Zumal ihr Beschützer Déterville von einem Teil des Inkagoldes ein Landgut kauft und Zilia dort die Kultgegenstände des Sonnentempels zurückerstattet. Unübersehbar ist nun sie die Hüterin des theologisch-kulturellen Erbes. Die einstige Sklavin wächst damit in eine juristisch autonome Position hinein, die für (nicht verwitwete) Französinnen unerreichbar war. Aus ihr heraus trifft sie Aza wieder. Doch dieser ist ein anderer geworden und im Begriff, eine Spanierin zu heiraten. Nicht nur ist er Zilia untreu geworden, sondern überdies – um sich vollständig zu assimilieren – zum Christentum konvertiert. Der Roman ist somit nicht nur inhaltlich originell, sondern durchkreuzt mit dem Abbruch der Liebesgeschichte auch alle damals gängigen dramaturgischen Schemata. Und damit nicht genug: Zilia stirbt nicht an gebrochenem Herzen, sondern fleht den wegen seiner unerwiderten Liebe nach Malta geflohenen Déterville an, zurückkehren. Doch nicht, um ihm ihre Hand anzubieten, sondern eine Freundschaft zwischen Ebenbürtigen.

Die vorgeschlagene Lösung könnte radikaler kaum sein: Dass Zilia Déterville liebt, daran lässt der Roman keinen Zweifel. Überdies entspricht Déterville all den Idealen, die Zilia auf Aza projiziert; er erscheint als jener Engel, den Eheratgeber aus der Feder von Frauen empfehlen. Er ist von Anfang an Meister der ›zärtlichen Freundschaft‹, die Autorinnen der *Querelle des femmes* wie Scudéry als Gegenkonzept zum Eheterror entwickelt hatten. Die Botschaft des Romans lautet somit, dass, wer eine solche Partnerschaft erreicht hat, unbedingt die Ehe *meiden* muss. Solange die Ehe eine – auch vom Ancien régime – staatlich geschützte Institution zur Versklavung der Frau ist, muss sie die Egalität zwangsläufig zerstören. Aber ist das Konzept damit zwangsläufig lustfeindlich? Weder heiratete Graffigny ihren langjährigen Partner Léopold Desmarest noch de Gouges ihren Jacques Biétrix de Rozières, denn, so de Gouges, »die Ehe ist das Grab des Vertrauens und der Liebe«.[38]

Neben der Heirat verweigert Zilia auch die Konversion. Dass nichtchristliche Menschen christlichen ebenbürtig, ja sogar haushoch überlegen sein können, hatte ein knappes halbes Jahrhundert zuvor die Feministin und erste professionelle Autorin Englands Aphra Behn in *Oroonoko* beschrieben. Mit diesem Werk begründete sie 1688, gut 30 Jahre vor Defoe, den englischen Roman. Oroonoko ist ein Held wie aus dem Bilderbuch: klug, schön, mutig, stark wie ein Tiger (das barocke Emblem für Heroik), polyglott, universell gebildet, galant zu Frauen und von höchstem Adel. Und er ist schwarz. Vor allem aber: Er ist bekennender Atheist! Anders als der seine *Briefe über die Toleranz* ein Jahr später anonym publizierende John Locke bürgt Behn (selbst bekennende Christin) für diese Darstellung mit ihrem Namen.

Abgesehen davon, dass Locke den Englands Protestanten bedrohenden Katholizismus aus den zu tolerierenden Religionen ausschließen wollte, endete für ihn wie für viele heute als *Deisten* betrachtete Denker der Aufklärung das Toleranzgebot unüberwindlich beim Atheismus. Im 17. und 18. Jahrhundert konnte bereits der Ruf, ein Deist, gar ein Atheist zu sein, die Existenz kosten. 1723 musste der Philosoph Christian Wolff auf Befehl Friedrich Wilhelms I. (des Vaters Friedrichs des Großen) Halle aus diesem Grund binnen 48 Stunden verlassen, und noch 1778 erhielt Lessing am aufgeklärten Hof in Wolfenbüttel Publikationsverbot in Sachen Deismus, woraufhin er mit *Nathan der Weise* von seiner »alten Kanzel, [...] dem Theater«[39], weiterpredigte. Doch Oroonoko provoziert im Roman noch mehr: Er entlarvt die Bigotterie der ihn versklavenden Christen, deren Falschheit nicht anders zu erklären sei, als dass eine »falsche« Gottheit sie ihnen eingebe.[40]

Indem Zilia weiterhin nur das Sonnenlicht der Aufklärung verehrt, behauptet sie ihre autonome Existenz auf allen Macht generierenden Ebenen des 18. Jahrhunderts – Religion, Besitz und rechtliche Autonomie. Der Roman machte seine Autorin binnen kürzester Zeit zu einer der bekanntesten Europas, doch viele männliche Kritiker beanstandeten den Schluss und forderten, Zilia im Hafen der Ehe zu vertäuen, sei es nun mit Déterville oder Aza. Für Letzteres votierte der damals 24-jährige Anne Robert Jacques Turgot, späterer Wirtschaftstheoretiker und Finanzminister Louis XVI., der ebenfalls Gast ihres Salons war. Die Änderung der Handlung empfahl er einzubetten in *Überlegungen zur Ehe*, die dem Zweck biologischer Reproduktion diene. Die Demographie gehört zu den zentralen Entdeckungen des 18. Jahrhunderts und erklärt, warum die Unterordnung der Frau unter die Familienpflichten zum Staatszweck wird. Die dramatische Kindersterblichkeit von 90 Prozent bei ungestillten Kindern sollte durch eigenhändige mütterliche Pflege verbessert werden, um den Bedarf der europäischen Staaten an Arbeitskräften und Soldaten zu decken. Bis heute wird der staatliche Schutz der Ehe damit begründet, dass sie der Ort der Reproduktion sei. Als Grund, warum Zilia sich für die Ehe entscheide, sollte daher ein Kinderwunsch in den Roman eingearbeitet werden, und Turgot fügte gleich ein Erziehungskonzept bei, das in Vielem Rousseaus *Émile* vorgreift, vermutlich also in Graffignys Salon diskutiert worden war. Wie bei Rousseau bezieht es sich ausschließlich auf Söhne. Tatsächlich fügte Graffigny ihrer Überarbeitung des Romans einen 34. Brief über die Erziehung hinzu, mit den Worten: »Ich weiß nicht, welche Folgen die Erziehung hat, die ein Vater seinem Sohn angedeihen lässt: Ich habe hier nicht weiter nachgeforscht«,[41] um anschließend ausschließlich die katastrophale *Mädchenerziehung* zu kritisieren.

8. Wer sind die »Wilden«, oder: Hat die Aufklärung wirklich den Rassismus erfunden?

Obgleich Zilia das Gegenteil einer ›edlen Wilden‹ ist, gehört Montaigne, der als Erfinder dieser Idee gilt, zu den wichtigsten auf Graffigny wirkenden Vorbildern. Die größten »Menschenfresser« sind nach Montaigne nicht eventuell anthropophage indigene Gesellschaften, sondern die sie abschlachtenden Europäer. Diese Umkehrung macht die kolonisatorischen Europäer zu Barbaren, die im Zusammentreffen mit anderen Kulturen die jeweils anderen als ›Wilde‹ titulieren, um sie – wie auch Wieland anprangert – ohne Gnade auszurotten. ›Wild‹ wird bei Montaigne zu ›ursprünglich‹ und damit zur Idee des »guten Wilden«. Auch er schließt an den antiken Barbarendiskurs an, unterläuft ihn jedoch, indem er offenlegt, dass schon in Athen der Barbar einfach der Fremde war, der eine andere Sprache sprach. Montaignes Strategie ist wie bei Graffigny der Vergleich, mit dem er die anderen kulturellen Äußerungen als ebenbürtig respektiert.

Aufschlussreich sind daher die unüberbrückbaren Gegensätze, die Montaigne 1562 bei seinem Zusammentreffen mit Gästen aus der neuen Welt feststellte. Insbesondere überraschte ihn deren Verwunderung darüber, dass die Europäer sich einem Kinderkönig unterwarfen und im Kriegsfall keine allgemeine Wehrpflicht für alle Männer galt. David Graeber und David Wengrow haben in *Anfänge. Eine neue Geschichte der Menschheit* umfassend belegt, dass Europa erst im Zusammentreffen mit Menschen des indigenen Amerika mit der Idee einer vollständigen *individuellen* Freiheit konfrontiert wurde. In Europa und den Erdteilen, mit denen es in Kontakt stand, galt seit der Antike in fast allen Kulturen die Unterordnung des einzelnen Mannes (mindestens) unter den Staat, sei dieser eine Republik, Theo- oder Autokratie. Für die weibliche Hälfte der Menschheit galt zudem bereits seit spätestens 1000 v. Chr. die Unterordnung unter den Mann, und ab dem Jahr 800 kam für alle die Kirche als Autorität hinzu. Entsprechend erstaunt berichteten bereits im 17. Jahrhundert französische Missionare von der Egalität der nordamerikanischen Wendat (Huronen), überdies zwischen den Geschlechtern – oder was den Jesuiten als Gleichheit erschien. »Dass indigene Amerikaner in Gesellschaften lebten, die generell frei waren, die Europäer hingegen nicht, wurde bei diesen Unterhaltungen eigentlich nicht thematisiert: Beide Seiten waren sich darüber einig, dass dies der Fall war.«[42]

Wenn auch aus diametral unterschiedlichen Gründen haben Literaturwissenschaften, Philosophiegeschichte und Postcolonial Studies bislang relativ einmütig indigene Protagonist:innen in der europäischen Literatur als ein Mittel interpretiert, um abweichende Meinungen zu exotisieren und damit die Zensur zu umgehen. Literatur- und Philosophiegeschichte ging und geht es dabei um die Wahrung des Originalitätsnimbus europäischer Denker. Postkoloniale Lektüren nehmen die Texte als Beleg für ihre These, der aufklärerische Universalismus – als eurozentrisches Unterdrückungsinstrument – schiebe indigenen Stimmen die eigenen Positionen unter und betreibe damit (bis heute) das *Silencing* aller nicht dem globalen Norden konformen Menschen. Im Falle der indigenen Stimmen führt diese Position jedoch – analog zum militärischen Unwort des *friendly fire* – zum *friendly silencing* der wenigen kostbaren Quellen aus der Zeit vor der Zerstörung indigener Kulturen. Tatsächlich ist viel naheliegender, dass viele Verweise auf indigen-amerikanische Quellen in den Vorworten aufklärerischer Schriften *nicht* fingiert sind, sondern denkende Köpfe auch auf dem europäischen Kontinent zunehmend in der Lage waren, multiple Gesellschaftsformen außerhalb der christlich-feudalen Norm nicht nur wahrzunehmen, sondern ohne christliche Doktrin miteinander zu vergleichen. Während der Einfluss von chinesischen Quellen zur Staatskunst (insbesondere Konfuzius) auf das Werk von Leibnitz und Wolff kaum zu übersehen ist, entschwanden viele der indigenen Quellen für Jahrhunderte und wurden erst in den vergangenen Jahrzehnten vom Generalverdacht fehlender Authentizität befreit. Graffignys *Briefe einer Peruanerin* bilden das Echo dieser indigenen Positionen, die u. a. von Louis Armand de Lom d'Arces, genannt Lahontan, dokumentiert und zu Beginn des 18. Jahrhunderts publiziert worden waren. In seinen *Memoires* berichtet Lahontan von indigenen Menschen, die als Galeerensklaven nach Europa kamen und das Glück hatten, wieder nach Nordamerika zurückzukehren. »[S]ie sagen, die Bezeichnung Wilde die wir ihnen geben, treffe besser auf uns zu, da in unseren Handlungen nichts erkennbar sei, das auf Weisheit schließen lasse.«[43] Noch bekannter war um 1720 der Bericht von seinen Gesprächen mit dem Wendat-Staatsmann und indigenen Staatsphilosophen Kondiaronk (1649–1700). Unter dem Kunstnamen ›Adario‹ (ein unvollständiges Anagramm von Kondiaronk) philosophiert er über Religion und Rechtsfragen und empfiehlt seinem Gesprächspartner:

> [W]erde Hurone [Wendat]! Denn ich sehe den Unterschied, der zwischen Deiner und meiner eigenen Lage besteht. Ich bin Herr über meinen Körper, kann über mich selbst verfügen, tue, was mir gefällt, bin der erste und der letzte meines Volkes, fürchte keinen Menschen und bin einzig und allein vom Großen Geist abhängig; [...] Du bist von tausend Leuten abhängig, die aufgrund ihrer Stellung über Dir stehen.[44]

Für die Authentizität der Gespräche spricht – sofern man der Versicherung des Autors, sie seien nach seiner Mitschrift entstanden, keinen Glauben schenken will –, dass Lahontan selbst kein Philosoph oder Gelehrter war, sondern ein verarmter Adeliger mit zweifelhaftem Bildungshorizont, der mit 18 Jahren mit dem französischen Militär nach Quebec kam und die meiste Zeit seines Leben mit Mitgliedern der Wendat und weiteren nordamerikanischen indigenen Gesellschaften interagierte; nicht immer friedlich. Auch wenn sich in vielen Schriften Lahontans reale und fiktive Elemente – insbesondere Reisebeschreibungen – mischen, dokumentiert er beispielsweise Namen genau. Für die Authentizität der originellen philosophischen Gedanken spricht aber vor allem, dass Lahontan zum einen nicht in der Lage gewesen sein dürfte, diese zu erfinden, und, was noch entscheidender ist, dass es gar nicht seiner Intention entsprach, ein philosophisches Werk zu verfassen. Hinzu kommt, dass Kondiaronk auch in anderen Quellen als schärfster Denker und gewandtester Redner der damals bekannten nordamerikanischen Welt belegt ist, insbesondere in Rechtsfragen.

Dass die Aufklärung nicht zuletzt mit dem Vehikel des

›edlen Wilden‹ den Rassismus erfunden habe, gehört zum Common Sense postkolonialer Kritik. Doch tatsächlich praktizierte Europa bereits Jahrhunderte vor der Aufklärung mannigfaltigen Rassismus. Dasselbe gilt für den Kolonialismus, dessen Gräuel im später so bezeichneten Amerika bereits mit Christopher Kolumbus Einzug hielten, der auf der Suche war nach Land, Gold und Untertanen, um sie »nach Kastilien zu schaffen oder aber [...] auf ihrer eigenen Insel als Sklaven zu halten«, wie er seinem König schrieb.[45] Die toxische Verbindung von Mission und Ausbeutung stammt aus dem Zeitalter der Kreuzzüge nach Jerusalem, die ab dem 11. Jahrhundert stattfanden, und der als *Reconquista* (›Rückeroberung‹) verbrämten Eroberung des maurischen Spanien durch Ferdinand II. von Aragon und Elisabeth von Kastilien. Unmittelbar nach deren Abschluss 1492 durfte sich Kolumbus aufmachen zur *Conquista* der Gebiete jenseits der bekannten Welt.

Europäisches Mittelalter und Antike galten bis vor kurzem als rassismusfreie Zonen. Für die Antike steht die Überprüfung noch aus, doch Geraldine Heng hat mit *The Invention of Race in the European Middle Ages* 2018 ein Buch darüber vorgelegt, wie der Rassismus im Mittelalter »erfunden« wurde. Wenn es so etwas wie einen Entstehungszeitpunkt gibt, liegt er zwischen dem 11. und 13. Jahrhundert. Doch Rassismus wurde nicht gegen sich heute als People of Colour bezeichnende Menschen entwickelt – sondern gegen die jüdische Bevölkerung. Spätestens seit der römischen Antike war sie systematisch von Verfolgung und Ausgrenzung betroffen und wurde mit dem Vordringen des Christentums als »Mörder« Jesu zum Feindbild der Staatsreligion. Auch wenn der theologisch begründete *Anti-*

judaismus vorsieht, dass Konvertierte vollwertige Mitglieder der christlichen Gemeinschaft werden, sah die Praxis anders aus.

1130 nutzte der spätere Papst Innozenz II. die jüdische Abstammung seines Rivalen Anaclet II., um diesen in einer beispiellosen Kampagne als »Beleidigung Christi« zu diffamieren. Ab dem 13. Jahrhundert etablierte sich eine genealogische Lesart des Judentums, die antisemitische Züge trug und damit die rassistische Struktur begründete. Mit dem vierten Laterankonzil begann 1215 die jüdisch-christliche Apartheidspolitik, die Juden (und Muslime) erst via Kleiderordnung markierte und schließlich ab 1290 vielerorts außer Landes verbannte. Im von Ferdinand und Isabella eroberten Andalusien mussten sie 1492 nach dem Alhambra-Edikt konvertieren oder fliehen – viele wählten Letzteres und bescherten ihrem Zufluchtsort Venedig seine wirtschaftliche Blüte. Doch die Konvertierten in Spanien blieben als *Marranos* (›Schweine‹) über Jahrhunderte Bürger zweiter Klasse. Sie durften keine Staats- und Kirchenämter übernehmen, ja selbst für die Tätigkeit als Hebamme und für die Zulassung als Zeuge vor Gericht war ein Nachweis über die ›Reinheit des Blutes‹ (*Limpieza de sangre*) erforderlich. Für die verbliebenen Muslime, die sogenannten *Moriscos*, galt entgegen der ihnen 1491 zugesicherten Religionsfreiheit bald dasselbe, 1609 wurden sie schließlich vertrieben.

Schon zuvor war das Kompositum ›Juden und Sarazenen‹ die erste rassistische Ausgrenzungsformel Europas. Hautfarbe spielte demgegenüber lange eine untergeordnete bzw. komplexe Rolle. Mittelalterliche Bilddokumente zeigen schwarze Hautfarbe als abstraktes Zeichen der Sünde.

An Kirchenportalen und auf Altarbildern der Hochgotik des 13. Jahrhunderts sind Henkersknechte häufig als Afrikaner gezeichnet, doch auch die Königin von Saba ist schwarz, und schwarze Madonnen werden bis heute verehrt, ohne dass die Ursprünge ihrer Hautfarbe sich klären lassen. In Westmitteldeutschland wird der Heilige Mauritius – historisch ein römischer Legionär aus Theben in Ägypten – plötzlich mit den höchsten Mitteln gotischer Porträtkunst zum afrikanischen Ritter. Auch deutsche und niederländische Epen des Hochmittelalters zeichnen die schwarzen Moriaen und Feirefiz – Parzivals Halbbruder – sogar unabhängig von ihrem muslimischen oder christlichen Glauben als höfische Idealhelden und Feirefiz' Mutter Belakane – lange vor exotistischen und Haremsphantasien – als schöne und unabhängige Königin.

Doch parallel dazu wird das Idealbild des *tatsächlichen* Menschen in Zentraleuropa ab dem 14. Jahrhundert weiß. Nicht mehr rosarot wird seine Haut dargestellt, wie noch in den Glasfenstern der gotischen Kathedralen, sondern weiß wie die einer Leiche. Bis dahin war in byzantinischen Mosaiken das einzig Weiße an einem menschlichen Körper das Weiß im Auge, und physiognomische Traktate, die selbst im Kontext des Mittelalters versuchten, ›lebensnah‹ zu sein, kolorierten in Anlehnung an antike Vorbilder Körper in Brauntönen.

Hautfarbe wird wie der muslimische Glaube zu einem Diskriminierungsjoker, der ausgespielt werden kann oder nicht. Was ihn in jedem Fall sticht, ist die mit dem Ritterideal verbundene androzentrische Herrschaft. Sie steht sogar über der christlichen Religion. Dank seiner Machtfülle wurde Sultan Saladin bereits vor der europäischen Aufklärung zur Lichtgestalt, obgleich er die Christen aus Jerusalem vertrieb. Es gab allerdings zwei Gruppen, für die Macht unerreichbar war, weil sie weder eine militärische Tradition hatten noch ein Land oder Reich: die Juden (jüdische Ritter unter muslimischer wie christlicher Herrschaft waren seltene Ausnahmen) sowie die (Sinti und) Roma, obgleich Letztere seit ihrer Ankunft in Griechenland Christen waren! Es bleibt zu untersuchen, ob die Abwertung der dunklen Hautfarbe in Europa sich zunächst womöglich vornehmlich auf diese aus Indien vertriebenen Menschen bezog.

9. Die Aufklärung der Juden

Für einen historischen Wimpernschlag schien der Aufklärung das nie Dagewesene zu gelingen: die Integration jüdischer Menschen in die europäischen Gesellschaften. Literatur und Philosophie nahmen dabei die Führungsrollen ein; die soziale und vor allem politische Realität sollte ihnen bis zum preußischen Judenedikt von 1812 weit hinterherhinken. Gellerts *Schwedische Gräfin* schildert bereits 60 Jahre zuvor einen utopischen Höhepunkt der sozialintegrativen Geschichte. Während seiner Kriegsgefangenschaft in Sibirien rettete der gräfliche erste Ehemann der Protagonistin einem polnischen Juden das Leben, wofür dieser ihn später freikaufte. Als der alte Mann die Familie später in Holland besucht, wird er »als ein Vater« im besten Zimmer des Hauses einquartiert. »Unter allen Merkmalen der Freundschaft, die ihm erwiesen, rührte ihn nichts so sehr als dieses, dass ihn der Graf abmalen und in seine Studierstube setzen ließ.« Im Arbeitszimmer, vermutlich über dem Schreibtisch, hängt nun anstelle von Kreuz oder Landesvater der ausdrücklich *orthodoxe* Jude als Pater familiae. Der kinderlose alte Mann nimmt diese Position an, indem er die Tochter der Familie zu seiner Erbin macht. Nicht nur dieser Akt, das Kind selbst hat es in sich. Zum einen, weil es weiblich ist und ein Einzelkind, es also keinen Stammhalter gibt. Vor allem aber stammt sie vom zweiten, bürgerlichen Ehemann ab, wird jedoch just in dieser Situation als »unsere Tochter« bezeichnet. Während Rousseau zeitgleich die Rechte der unverheirateten Mutter annulliert, schöpft Gellert aus der matrilinearen Erbfolge der Protagonistin zur Tochter ein neues, antipatriarchales Familienmodell, das sich netzwerkartig ausweitet zur Wahlfamilie mehrerer miteinander nicht blutsverwandter Paare, die – angereichert mit diversen Pflegekindern – zum philosemitischen Ort wird. Gellerts Gräfin nimmt bereits das zentrale Argument von Dohms *Über die bürgerliche Verbesserung der Juden* vorweg, wonach »Verachtung und listige Gewalttätigkeiten« der Christen die Ursache sind für »niederträchtig[e] und betrügerisch[e] [...] Handlungen« seitens mancher Juden.[46] Ausgehend von dieser Argumentation publizierte Dohm 1781 auf Anregung von Moses Mendelssohn eine umfangreiche Geschichte jüdischer Verfolgung aus nichtjüdischer Sicht. *Bürgerliche Verbesserung* meint wie später bei Hippel nicht etwa Assimilation oder Anpassung, sondern im Gegenteil ausdrücklich die Erteilung vollwertiger Bürgerrechte ohne Vorbedingungen. Er argumentiert sogar, dass die jüdische Orthodoxie besonders gute Staatsbürger mache.

Matrilinearität und konfessionsübergreifende Patchworkfamilie der *Schwedischen Gräfin* verdichtete Lessing dreißig Jahre später in *Nathan der Weise* (1779) zum dramatischen Höhepunkt. Nathan erhält die titelgebende *Weisheit* in dem Moment, in dem er auf dem Grabhügel seiner Frau und sieben leiblicher (also patrilinearer) jüdischer Söhne »der Christenheit den unversöhnlichsten / Hass zugeschworen« – und in diesen *höchsten Schmerzen* ein neugeborenes christliches Mädchen *empfängt*, »ob mich siebenfache Liebe schon / Bald an dies einz'ge fremde Mädchen band«.[47] Indem sie statt der selbstgezeugten »fremde«, also *adoptierte* Kinder erziehen, verabschieden die aufgeklärten Männer des 18. Jahrhunderts wie heutige Patchworkväter mit der patrilinearen Erbfolge auch die patriarchalen Strukturen. Sie können empfindsam werden, vatermütterlich, nonbinär und egalitär. Dieser *antipatriarchale Komplex*, der sich auch in den Schriften de Gouges', Wollstonecrafts und Graffignys abzeichnet, bildet in der Literatur auffällig häufig die Grundlage des religions- und gesellschaftsintegrativen Programms. Autorinnen und Autoren der Aufklärung erkennen weitsichtig, dass es nicht genügt, nur die gesellschaftliche Position der Frauen zu verändern, sondern dass paritätisch dazu auch Männer ihre Rollenbilder grundlegend ändern müssen. Bis heute ist im Gegenzug zu beobachten, dass Antisemitismus und/oder Rassismus fast immer mit einem patriarchalen und häufig misogyn-sexistischen Weltbild einhergehen.

10. Und die sexuelle Befreiung?

Dass der Tugendbegriff der Aufklärung sexualitätsfeindlich sei, ist ein so verbreiteter wie unhaltbarer Vorwurf. Einig sind sich alle egalitären Schriften der Aufklärung darin, dass sie gegen männliche Sexualprivilegien argumentieren. De Gouges und Wollstonecraft treten für freie Liebe bei *gemeinsamer* Verantwortung für die Folgen (Kinder) ein, La Roche und Graffigny sind diesbezüglich skeptischer. Die sexuelle Befreiung der Frau ist fraglos das heißeste Eisen, das die nonbinäre Aufklärung zu fassen versuchte. Nicht zuletzt deshalb, weil Frauen in der christlichen Misogynie als das sexuell potentere und daher sündigere Geschlecht galten. Die Überzeugung, dass die Frau ihre Triebe besser kontrollieren könne als der Mann, ist bereits eine emanzipatorische Errungenschaft.

Für Autorinnen galt, dass sie sich bereits für den Akt des Schreibens als Übergriff auf ein männliches Privileg rechtfertigen mussten und in ein männliches Literatursystem hineinschrieben. ›Die Beförderung der Tugend‹ war dafür so ziemlich der einzige wasserdichte Vorwand. Autoren wie Gellert und Wieland konnten weitaus dicker auftragen, denn Menschen, die Sex haben dürfen, dürfen auch darüber schreiben. Doch die zentrale Frage war weniger: ›Sex oder nicht?‹, als: ›*welcher* Sex?‹, oder gar: ›was *ist* Sex?‹ Sofern Frauen ihr Begehren auf Männer richteten – die *zärtliche Freundschaft* zwischen Frauen segelte bis ins 19. Jahrhundert unter dem Radar –, bestand bis zur Entwicklung wirkungsvoller Verhütung im 20. Jahrhundert das Risiko einer Schwangerschaft. Selbst in de Gouges' idealer Patchworkfamilie bedeutete jede Schwangerschaft einen Tanz mit dem Tod. Zu Geburtskomplikationen ohne die Möglichkeit des schnellen Kaiserschnitts kam das sogenannte Kindbettfieber als tödliches Risiko hinzu, an dem Lessings Frau Eva ebenso starb wie Wollstonecraft nach der Geburt ihrer zweiten Tochter, der späteren Autorin Mary Shelley. Selbst in der Schwangerschaft lag die Mortalitätsrate fast so hoch wie unter der Geburt. Wie die Romanfigur Sophie von Sternheim waren die Frauen in vielen Ehen permanent schwanger und starben – wenn sie nicht vorher die rettende Menopause erreichten – spätestens nach dem zwölften oder dreizehnten Kind, wie La Roches Tochter »Maxe«, die Mutter von Clemens und Bettine Brentano. *Sex was a problem*, und für Frauen gab es gute Gründe, Alternativen zu suchen.

Kein anderer Autor der Aufklärung hat mehr Vorschläge für paritätische Sexualität gemacht als Wieland. In *Die Geschichte des Agathon* verkündet 1773 die antike Philosophin Aspasia ein förmlich radikalfeministisches Manifest:

> Die Männer [...] haben aus einer angemaßten Macht-Vollkommenheit, für welche sie nicht den mindesten Titel aufweisen können, die ungerechteste Theilung mit uns gemacht, die sich denken läßt. Nicht zufrieden, uns von allen wichtigen Geschäfften auszuschließen, haben sie sich sogar der Gesetzgebung einseitig bemächtiget, sie gänzlich zu ihrem eignen Vortheil eingerichtet, uns hingegen tyrannischer Weise genöthiget, Gesetzen zu gehorchen, zu denen wir unsre Einwilligung nicht gegeben haben, und die uns aller Rechte vernünftiger und freygebohrner Wesen berauben.[48]

Das ist schon fast der Wortlaut von de Gouges' späterer Erklärung. 30 Jahre später und sieben Jahre nach dem Mord an ihr wird Lais, eine der Hauptfiguren in Wielands *Aristipp und einige seiner Zeitgenossen* (1800), den Bezug zur Sklaverei herstellen. Geboren als Angehörige der gehobenen Mittelschicht auf Sizilien, wird sie mit sieben Jahren versklavt »vermöge des barbarischen Rechts des Sieges, das unter unsern Völkern zu ihrer Schande noch immer gilt«, und von dem alternden Griechen Leontides gekauft:

> [W]iewohl er im Dienste der Pafischen Göttin bereits grau zu werden begann, oder vielmehr eben deßwegen, kam er auf den Gedanken, sich an der kleinen Laidion Trost und Zeitvertreib für seine alten Tage zu erziehen. Er ließ ihr also Unterricht in allen Musenkünsten und überhaupt eine so liberale Erziehung geben, als ob sie seine Tochter gewesen wäre [...] und belohnte sich selbst zu rechter Zeit für alles, was er auf sie gewandt hatte, so gut als Gicht, Podagra und Hüftweh es erlauben wollten.

Die Passage trieft vor Sarkasmus. Der abgetakelte Libertin, der aus einem Roman des Marquis de Sade stammen könnte, erzieht Lais keinesfalls zur Tochter, sondern um sie beizeiten zu vergewaltigen und dann eine Sexsklavin zu haben, mit der er sich auch anderweitig ›unterhalten‹ kann. Bei der Erziehung echter griechischer Töchter kam nämlich nicht in Betracht, »dass sie auch eine *Seele* haben, und dass die Seele kein *Geschlecht* hat. Sie werden erzogen um so bald als möglich *Ehefrauen* zu werden; und der Grieche verlangt von seiner ehelichen Bettgenossin nicht mehr

Geist, Talente und Kenntnisse, als sie nöthig hat, […] Kinder zu gebären.«

Mit ihrer Vergangenheit als Opfer sexuellen Missbrauchs trifft Lais auf den Titelhelden des Romans, und obgleich sich beide ineinander verlieben, muss »eine Frau, die ihre Unabhängigkeit behaupten will, euer Geschlecht überhaupt als eine *feindliche* Macht betrachten […] mit welcher sie […] nie einen aufrichtigen Frieden eingehen kann«. In »Folge der unläugbaren Thatsache, daß der weibliche Theil der Menschheit sich beynahe auf dem ganzen Erdboden in einem Zustande von Abwürdigung und Unterdrückung befindet, der sich auf nichts in der Welt als Überlegenheit der Männer an körperlicher Stärke gründen kann; da die Vorzüge des Geistes, in deren ausschließlichen Besitz sie sich zu setzen suchen, nicht ein natürliches Vorrecht ihres Geschlechts, sondern eine der Ursurpazionen ist«.[49]

Am Ende seines Lebens ist Wielands Position zur Frage einer gerechten Lebensgemeinschaft – weder Aristipp und Danae noch Lais und Agathon kommen zusammen – vielleicht noch pessimistischer als die seiner Cousine und ehemaligen Verlobten La Roche. 1768 hatte er noch eine Utopie egalitärer Liebe und Freundschaft formuliert. In *Musarion oder die Philosophie der Grazien* trifft die Titelfigur auf den jungen Philosophen Fanias, mit dem sie in einer Dramaturgie von Entzweiung und Versöhnung die Rollenmodelle des 18. Jahrhunderts zwischen Libertinage, Ehe, Seelenfreundschaft etc. durchspielt. Ein neues Modell wird nicht entworfen, sondern es bleibt offen, wie diese Utopie aussehen wird. Als Philosophin der »Grazie« versöhnt Musarion Vernunft und Sinnlichkeit. Wieland verwahrt sich gegen Kants rigorose Tugendethik, indem er zeitgleich zu dessen

Beobachtungen die vielleicht größte Feier geschlechtlicher Egalität im 18. Jahrhundert verfasst. Denn die *Grazie* ist nicht zufällig weiblich.

Wielands Frauenfiguren erziehen und bilden ihre Geliebten, indem sie deren abstrakte patriarchale Ideen verwirren und von rigoroser A-priori-Tugend in eine weltkundige Großherzigkeit überführen. Anstelle von Kants androzentrischem philosophischen Alleinvertretungsanspruch schafft Wieland eine philosophische Literatur, die sich auch an Frauen richtet und ein Ideal vorstellt, das einer heutigen, sexuell selbstbestimmten und bei Belieben promisken Akademikerin ähnelt. Die Hetären Danae, Aspasia, Lais und Musarion entstammen nicht der historischen Antike, in deren Radikalpatriarchat auch Hetären sexuell ausgebeutete Frauen waren. Sie sind vielmehr als utopisches Konzept zu verstehen, da sie eine Bildung genießen, die der der Männer ebenbürtig ist, und Umgang mit Männern pflegen, ohne sich ihnen unterzuordnen. Eine deutlichere Absage an Rousseaus und Kants Definition vom geistigen Unvermögen der Frau und deren Ausrichtung auf Mann und Ehe lässt sich kaum formulieren.

Ihre Gefährten Agathon, Fanias und Aristipp kennen und befürworten den Status ihrer Partnerinnen und widersetzen sich damit der zeitgenössischen Vorgabe weiblicher Jungfräulichkeit bei männlicher Promiskuität. Mehr noch, Wielands Texte koppeln die Vollendung der Frauen- wie der Männerfiguren an den *Verlust* der Jungfräulichkeit. In biblischer Wortexegese ist sexuelle Erfahrung für beide Geschlechter mit Selbsterkenntnis verbunden: Danae wird über die Erfahrung der Verführbarkeit zur Künstlerin, Lais leitet aus dem sexuellen Missbrauch ihre radikale Selbstbestimmung ab, und Musarion verkörpert die Verbindung von Sinnlichkeit und Geist. Hier ist *die Bildung der Männer* den Frauen mit buchstäblich *intimer* Männerkenntnis und einem – um Kants Bild aufzugreifen – sekundengenau justierten Uhrwerk zu verdanken. Über die Utopie menschlicher Geschlechtsbeziehungen hinaus ist dies die Metapher für eine zivilisatorische Überformung männlicher *Kultur* durch *weibliche* Grazie mit dem Ziel zivilisierter *Urbanität.*

11. Christian Wolffs Völkerrecht

Nicht nur der Antirassismus ist eine Erfindung der Aufklärung. Auch die Vorstellung, dass auf der ganzen Welt, unter allen und für alle Menschen ein Grundstock gemeinsamer Rechte gelten soll, gehört zu ihren zentralen Ideen. Alle hier genannten und viele egalitär argumentierende Aufklärerinnen und Aufklärer kritisierten überdies die Todesstrafe oder lehnten sie völlig ab. Den entscheidenden Schritt ging Wolff 1754. Seine *Grundsätze des Natur- und Völkerrechts* argumentieren durchweg atheistisch. Ob Wolff an eine Gleichstellung von Frauen und Männern dachte, lässt sich kaum feststellen, denn da er durchgängig die Begriffe »Menschen« und »Völker« gebraucht und keine geschlechtlichen oder sonstigen Unterschiede erwähnt, entsteht der Eindruck eines (auch) gendergerechten Textes.

Die Idee grundsätzlicher Reziprozität beschreibt er wie folgt: »[D]aher ist ferner klar, das, was man rechtmäßiger Weise nicht will, daß es uns von andern geschehe, das muß man einem andern auch nicht thun.« Sie ist direkt an die von der Natur verliehenen gleichen Rechte geknüpft und zieht sich als roter Faden durch die rund tausendseitige Abhandlung. Die Grenze der eigenen Freiheit sei die der anderen. Sich eine Freiheit zu nehmen, die die des anderen verletze, mache die Freiheit zur »Frechheit«. Weil der Naturzustand der Friede sei, seien dem Krieg enge Grenzen gesetzt. Wolff lässt nur den Verteidigungsfall und die Hilfeleistung gelten, findet es aber legitim, einer anrückenden Armee über die Grenze hinaus entgegenzugehen, was wir heute als Präventivschlag bezeichnen. Expansive Kriege lehnt er ab.

Während Handel ein allen gemeinsames Recht ist – ausgenommen der mit Menschen –, ist kolonialistische Landnahme für Wolff ausgeschlossen. Nur »ledige Landschaften« dürfen in Besitz genommen werden, was aber nur auf unbewohnte Inseln zutreffen kann, denn hat ein Volk eine »ledige Landschaft« erst in Besitz genommen, so gehören ihm »das gantze Land und was darinnen ist, auch die wüsten und unfruchtbaren, oder ungebaueten [= unbebauten] Oerter, und alle Rechte, welche dem Lande gleichsam anhängen«. Folglich »stehet keinem Volcke ein Recht zu das andere aus dem Lande, darinnen es wohnet, zu vertreiben«.[50]

Wolffs Völkerrecht delegitimiert nicht nur den Angriffskrieg Putins auf die Ukraine, sondern zudem jede Form von Kolonialismus, wie er schon vor Kolumbus z. B. an den östlichen Grenzen Europas praktiziert wurde – das Wort ›Sklave‹ leitet sich bekanntlich von ›Slawe‹ ab. Er macht klar, dass auch Menschen mit nomadischer Lebensweise uneingeschränkte Rechte auf ihr Land haben, selbst wenn sie Teile davon nicht oder nur vorübergehend bewohnen. Damit sind indigene Gruppen im Amazonas ebenso geschützt wie die !Kung in der nördlichen Kalahari und die Weiderechte der Tuwa auf dem Altai. Rechtlich zählt allein das Da-Sein, die Lebens*form* ist völlig unerheblich. Wolffs Völkerrecht ist so klar und konsequent, dass sich mit ihm nicht einmal mehr die *Frage* stellen lässt, ob es Europäern zusteht, außereuropäische Menschen zu ›zivilisieren‹.

12. Nonbinärer Universalismus

In der Rousseau-begeisterten Zeit des Sturm und Drang werden die Männer in der Literatur wieder viril, die Frauen naiv. Statt auf Bildung und Emanzipation richten sie sich wie Kompassnadeln auf ihre Geliebten aus, um verführt, vergewaltigt, nach einem Kindsmord oder jungfräulich allein für *ihn* zu sterben. Auch wenn sie so stark gezeichnet sind wie Amalia in Schillers *Die Räuber*, Johanna von Orléans oder Gretchen im *Faust*. Es galt nun: ›Frivol ist, wenn sie's freiwillig macht‹, weshalb der ›Göttinger Hainbund‹ 1773 die Werke und das Bildnis Wielands verbrannte. Kants Umbau des aufklärerischen Universalismus zum Elitarismus prädestinierte seine Philosophie dazu, die kanonische Grundlage der misogynen und rassistischen Weltordnung des 19. Jahrhunderts zu werden, die rechtes Denken bis heute bestimmt.

Anders formuliert: Mit Rousseau und Kant begann die Gegenaufklärung bereits ab den 1760er Jahren gezielt gegenzusteuern, noch während die egalitäre Aufklärung ihre progressivsten Texte verfasste. Nicht ihre Marginalität ist Ursache für ihre Verdrängung, sondern im Gegenteil ihr sich abzeichnender Erfolg! Nichts zementierte die Unterordnung der Frau so sehr wie die Französische Revolution, die die Rechte der Frau als Trittbrett nutzte für den androzentrischen bürgerlichen Aufstieg. Die Gegenaufklärung brachte mit der Romantik eine christliche Orthodoxie zurück, von der die Aufklärung nicht zu alpträumen gewagt hätte. Die Idee des Nationalstaates bescherte ab 1819 dem deutschen Sprachraum die ersten Judenpogrome seit mehr als zwei Jahrhunderten, beseitigte Schritt für Schritt die jüdische Integration, erfand den eliminatorischen Antisemitismus und entwickelte die Anthropologie zum pseudowissenschaftlichen Rassismus. Das 19. Jahrhundert erhob die Familie zur Keimzelle des Staates, mit dem Mann als gottgleichem Alleinherrscher. Einzige Daseinsberechtigung der Frau blieben Mutterschaft und die Arbeit als unentgeltliche Magd und Pflegerin der Familie, der sich jede öffentliche Tätigkeit unterzuordnen hatte. Weibliche Sexualität wurde zur Krankheit »Hysterie« erklärt, und geistig, gar schriftstellerisch tätige Frauen galten fortan als krankhaft »unweiblich«.

Es brauchte zwei Jahrhunderte, um den im 18. Jahrhundert unteilbaren Universalismus der Aufklärung zu zerlegen. Binarität und Androzentrismus gehören dabei bis heute zu den schlagkräftigsten Werkzeugen. Infolge ihres Siegeszugs kann der im 19. Jahrhundert aus der Sklaverei befreite Mann ebenso wie der im 20. Jahrhundert dem Kolonialismus u. a. in Nordafrika entronnene es als Ausdruck seiner ›Ehre‹ betrachten, ›seine‹ Frau zu versklaven, nach dem Vorbild der Weißen oder darüber hinaus. Sigmund Freud zementierte die Binarität in der Psychoanalyse, und diese wurde u. a. durch Fanon und Césaire zu einer der Grundlagen postkolonialen Denkens. Nicht nur Achille Mbembes andro- und phallozentristische *Kritik der schwarzen Vernunft* (2014) übersieht daher in ihrer historischen Unkenntnis die gemeinsamen misogynen Strukturen von Antisemitismus und Rassismus.

Wo immer weibliche, nonbinäre und queere Menschen zwischen Alabama, Teheran, Moskau, Berlin und Kabul ihre körperliche, sexuelle sowie geistige Freiheit und Unversehrtheit einfordern, tun sie es in den Worten der egalitären Aufklärung. Doch sogar postkolonial-feministische Ansätze spielen patriarchalen Strukturen in die Hände mit dem permanenten Vorwurf, diese Vorstellung universeller Rechte sei lediglich ein Mittel des Eurozentrismus, um die nichteuropäische Frau als »Alterität« zu definieren, zu bevormunden und ihrem kulturell-familiären Umfeld zu entfremden. Dank dieser systematischen, tribalistisch argumentierenden Schützenhilfe gelang es einem misogynen Herrschaftssystem wie Saudi-Arabien – das Frauen und Transmenschen systematisch ihre Menschenrechte verweigert – 2024 sogar, den Vorsitz der UNO-Frauenrechtskommission zu übernehmen.

Dass Misogynie und Femizid von patriarchalen Teilen der Linken, dem überwiegenden Anteil der postkolonialen Kritik und einigen androzentrischen Nonbinaritätskonzepten als gegenüber rassistischer Ausgrenzung weniger skandalöse Form der Abwertung betrachtet werden, ist hauptverantwortlich für den Erfolg islamistischer Propaganda gegen Israel und jüdische Menschen. Sie trifft sich mit der historischen gemeinsamen Abwertung weiblicher und (generell als weiblich definierter) jüdischer Menschen im vor- und antiaufklärerischen Denken. Die gezielt sexuell-femizidale Gewalt der Hamas gegen Zivilist:innen wird dadurch zur Bagatelle, dass sie als doppelt minderwertig definierte Menschen betrifft.

Gleichzeitig bildet das binäre Geschlechtskonzept die Grundlage rechter völkischer Narrative und führt zur skurrilen Koalition mit häufig sogar lesbischen misogynen Feministinnen, die als sogenannte »TERF« (*Trans-Exclusionary Radical Feminists*) gegen nonbinäre Menschen zu Felde ziehen und dabei zum Machterhalt eines cis-männlichen

Patriarchats beitragen, das seine erdölzeitalterlichen Privilegien bis zum letzten Tropfen verteidigt.

Eine kafkaeske Fixierung auf die kantianische Aufklärung und deren Kritik entfremdet viele Aktivist:innen ihren gedanklichen Wurzeln so weit, dass sie mit »der Aufklärung« absurderweise die eigenen Ideale als Ursache für die Missstände der Welt kritisieren. Dabei kann nichts reaktionäre, patriarchal-elitäre Narrative wirkungsvoller sprengen, als wenn wir den *nonbinären Universalismus* als Geschichte egalitären Denkens, Schreibens und Handelns wieder in das Licht rückten, das in Europa seit einigen hundert, in manchen indigenen Gesellschaften vermutlich seit mehr als tausend Jahren leuchtet. Feminismus, Gender und Diversity-, BIPOC-, Postcolonial-, Queer und Trans-Aktivismus sind ebenso wie weiße ›Cis-Männer‹, die gerne in einer gerechten Gesellschaft leben, *allesamt* Kinder der Aufklärung. Bei aller Debattenfreudigkeit – die unsere Gegenwart mit der historischen Epoche der Aufklärung teilt – brauchen wir den geschwisterlichen Blick auf diese menschheitliche Familientradition, die uns trotz aller Konflikte verbindet. Denn es geht um nicht weniger als darum, uns miteinander über eine gerechte Zukunft zu verständigen: Was ist Aufklärung *wirklich*?

Anmerkungen

1 Susan Arndt, *Rassismus begreifen*, München 2021, S. 165.
2 Moses Mendelssohn, »Ueber die Frage, was heißt aufklären«, in: *Berlinische Monatsschrift* 4 (1784) S. 193–200, hier S. 199.
3 Frantz Fanon, *Die Verdammten dieser Erde*, übers. von Traugott König, Frankfurt a. M. 1981, S. 265.
4 Immanuel Kant, *Beobachtungen über das Gefühl des Schönen und Erhabenen*, in: I. K., *Gesammelte Schriften*, Hrsg.: Bd. 1–22: Preussische Akademie der Wissenschaften, Bd. 23: Deutsche Akademie der Wissenschaften zu Berlin, ab Bd. 24: Akademie der Wissenschaften zu Göttingen, Berlin 1900 ff., Bd. II, S. 254 f. [Künftig zitiert als: AA, mit Band und Seitenangabe.]
5 Immanuel Kant, »Beantwortung der Frage: Was ist Aufklärung?«, in: *Berlinische Monatsschrift* 4 (1784) St. 12, S. 481–494.
6 *Pomona für Teutschlands Töchter* 1 (1783) H. 1, S. 3.
7 Immanuel Kant, *Anthropologie in pragmatischer Hinsicht*, AA VII, S. 312.
8 Ebd., S. 307 f.
9 Immanuel Kant, *Fragmente*, AA XX, S. 58 f.
10 Jean-Jacques Rousseau, *Emil oder Über die Erziehung*, übers. von Ludwig Schmidts, Paderborn [u. a.] 1993, S. 180 und 27.
11 Christoph Martin Wieland, »Beyträge zur Geheimen Geschichte des menschlichen Verstandes und Herzens«, in: *Wielands Werke*, Bd. 9.1, S. 222, 225, 226 und 303.
12 Mary Wollstonecraft, *Historical and Moral View of the French Revolution*, Werke Bd. 6, London 1989, S. 15 [Übersetzung der Autorin].
13 Mary Wollstonecraft, *A Vindication of the Rights of Woman: With Strictures on Political and Moral Subjects*, in: Werke Bd. 5, S. 84 [Übersetzung der Autorin].
14 Rousseau, *Emil*, S. 394.
15 Silvia Bovenschen, *Die imaginierte Weiblichkeit. Exemplarische Untersuchungen zu kulturgeschichtlichen und literarischen Präsentationsfomen des Weiblichen*, Frankfurt a. M. 1979, S. 165.
16 Gegenüber Graf Conti in Montmorency. Laurent Müller, »Marie-

Thérèse Levasseur«, in: Raymond Trousson und Frédéric S. Eigeldinger (Hrsg.), *Dictionnaire de Jean-Jacques Rousseau*, [o. O.] 1996, S. 539.

17 Jean-Jacques Rousseau, *Die Bekenntnisse*, übers. von A. Semerau, München 1978, S. 352.

18 Rousseau, *Emil*, S. 13 und 5.

19 Zit. nach Gisela Bock, *Frauen in der europäischen Geschichte*, München 2000, S. 51.

20 Theodor Gottlieb Hippel, *Über die bürgerliche Verbesserung der Weiber*, Berlin 1792, S. 17 f., 13, 21, 25, 52 f., 68 f., 52, 136, 133, 207, 21, 24. Kursivierungen der Zitate im Original.

21 Quelle: https://fr.wikisource.org/wiki/Sur_l%E2%80%99admission_des_femmes_au_droit_de_cit%C3%A9, besucht am 17. 1. 2024. Übersetzungen und Hervorhebungen von der Autorin.

22 Quelle: https://fr.wikisource.org/wiki/Sur_l%E2%80%99admission_des_femmes_au_droit_de_cit%C3%A9, besucht am 17. 1. 2024. Übersetzungen und Hervorhebungen von der Autorin.

23 Denis Diderot im Artikel »Citoyen« der *Encyclopädie*. Quelle: https://artflsrv04.uchicago.edu/philologic4.7/encyclopedie0922/navigate/3/2171.

24 Quelle: https://frauenstudienzirkel.net/wp-content/uploads/2018/06/olympe_de_gouges_manifest.pdf.

25 Olympe de Gouges, *Die Rechte der Frau und andere Texte*, mit einem Essay von Margarete Stokowski, Stuttgart 2018, S. 28, 30, 38, 37, 40, 32.

26 Iring Fetscher, »Olympe de Gouges: zweimal hingerichtet. Eine Vorkämpferin für Demokratie und die Gleichberechtigung der Frau«, in: *Die Zeit*, 6. 3. 1987, https://www.zeit.de/1987/11/zweimal-hingerichtet, besucht am 22. 1. 2024.

27 Zit. nach Karl-Peter Fritsche, *Menschenrechte. Eine Einführung mit Dokumenten*, Stuttgart 2009, S. 34.

28 De Gouges, *Die Rechte der Frau*, S. 7 f. und 35.

29 Wollstonecraft, *Vindication*, S. 94, 112, 108 [Übersetzung der Autorin].

30 Christian Fürchtegott Gellert, *Leben der schwedischen Gräfin von G****, Stuttgart 1997, S. 5, 7 und 38.

31 Sophie von La Roche, *Geschichte des Fräuleins von Sternheim*, Stuttgart 1997, S. 51, 53 und 236.
32 Sophie von La Roche, *Briefe über Mannheim*, Zürich 1791, S. 202.
33 La Roche, *Sternheim*, S. 348 und 347.
34 Christian Fürchtegott Gellert, *Inkle und Yariko*, in: C. F. G., *Fabeln und Erzählungen*, Theil 1, Halle a. d. S. 1769, S. 27 und 30.
35 Françoise de Graffigny, *Briefe einer Peruanerin*, übers. und mit einem Nachw. von Renate Kroll, Zürich 2020, S. 33, 36, 62, 71, 67 f.
36 Rafik Schami, *Eine deutsche Leidenschaft namens Nudelsalat*, München 2013.
37 Graffigny, *Briefe einer Peruanerin*, S. 128, 130 und 132.
38 De Gouges, *Die Rechte der Frau*, S. 36.
39 Lessing an Elise Reimarus, Wolfenbüttel, den 6. 9. 1788. In: Gotthold Ephraim Lessing, *Werke und Briefe in zwölf Bänden*, hrsg. von Wilfried Barner, Klaus Bohnen [u. a.], Bd. 12: *Briefe 1776–1781*, hrsg. von Helmuth Kiesel unter Mitwirkung von Markus Reppner, Antje Büssgen und Kirsten Burmeister. Frankfurt a. M. 1994, S. 193.
40 Aphra Behn, *Oroonoko and other Stories*, Köln 1999, S. 70.
41 Graffigny, *Briefe einer Peruanerin*, S. 128.
42 David Graeber / David Wengrow, *Anfänge. Eine neue Geschichte der Menschheit*, Stuttgart 2022, S. 55.
43 Zit. nach: Ebd. S. 68.
44 La Hontan, *Gespräche mit einem Wilden*, übers. von Barbara Kohl, Frankfurt a. M. / Paris 1981, S. 31.
45 Zit. nach: Götz Grossklaus, *Das Janusgesicht Europas. Zur Kritik des kolonialen Diskurses*, Bielefeld 2017, S. 15.
46 Gellert, *Schwedische Gräfin*, S. 114.
47 Gotthold Ephraim Lessing, *Nathan der Weise*, in: Lessing, *Werke und Briefe*, hrsg. von Klaus Bohnen [u. a.], Bd. 9, hrsg. von Klaus Bohnen und Arno Schilson, Frankfurt a. M. 1993, S. 597.
48 Christoph Martin Wieland, *Die Geschichte des Agathon*, in: *Wielands Werke*, Oßmannstedter Ausgabe, hrsg. von Klaus Manger und Jan Philipp Reemtsma, Bd. 10.1/2, S. 491.
49 Christoph Martin Wieland, *Aristipp und einige seiner Zeit-*

genossen, hrsg. von Jan Philipp Reemtsma [u. a.], Zürich 1993, S. 97, 101 und 133 f.

50 Christian Wolff, *Grundsätze des Natur- und Völkerrechts*, Repr. Halle a. d. S. 1754, mit einem Vorw. von Marcel Thomann, Hildesheim / New York 1980, S. 45, 52, 819 und 828.

Zur Autorin

Tina Hartmann, geb. 1973, studierte Literatur und Kunstgeschichte in Tübingen und Canterbury und habilitierte sich 2009 an der Universität Jena. Sie ist Professorin für Literaturwissenschaft in Bayreuth, Autorin, Opernlibrettistin (u.a. für Lucia Ronchetti, Ludger Vollmer und Karola Obermüller & Peter Gilbert) sowie Literaturkritikerin der *Frankfurter Allgemeinen Zeitung*.

Ihre Forschung umfasst Literatur und Oper von der Barockzeit über das 18. Jahrhundert (u.a. J.W. Goethe und C.M. Wieland) bis in die Gegenwart auf der Suche nach unterdrückten Stimmen und Formen.

Aktuell forscht sie zum Verstummen der Autorinnen und nonbinären Literatur- und Geschlechtskonzepten von der Aufklärung bis in die Gegenwart.

Veröffentlichungen (Auswahl):

Goethes Musiktheater. Singspiele, Opern, Festspiele, *Faust*, Tübingen 2004.

»Überdauern im Makulaturblatt. Künstlertum als Fragment in E.T.A. Hoffmanns Roman *Lebens-Ansichten des Katers Murr nebst fragmentarischer Biographie des Kapellmeisters Johannes Kreisler in zufälligen Makulaturblättern*«, in: *E.T.A. Hoffmann-Jahrbuch* 2013, S. 42–54.

Grundlegung einer Librettologie, Musik- und Lesetext am Beispiel der *Alceste*-Opern vom Barock bis zu C.M. Wieland, Berlin / New York 2017.

»Widerspruch mit der Zunge einer Hündin. Tierlicher Antiheroismus in Michel Degens *Blondie*«, in: *Animals: Projecting the Heroic Across Species*, in: *helden. heroes. héros.* 11 2017/2018, S. 49–60.

»Fleischeslust mit Gottes Segen. Sexualität, Sterilität und Zeugung zwischen *Eunuchi Conjugium* und *Insel Felsenburg*«, in: *Ehestand und Ehesachen*, literarische Aneignung einer Frühneuzeitlichen Institution. Zeitsprünge, hrsg. von Joachim Harst, Christian Meierhofer, Forschungen zur frühen Neuzeit 22, H.1/2 (2018) S. 157–179.

»Dichtung als Zumutung. Warum das Opernlibretto alle Selbstgewissheiten der Moderne unterläuft«, in: *LIBRETTO. Zukunftswerkstatt Musiktheater*, hrsg. von Pia Janke, Christian Schenkermayr, Susanne Teutsch, Wien 2020, S. 280–302.

»Deutsch als Literaturheimat. Warum Literatur multilingualer Autorinnen und Autoren einfach deutsche Literatur ist«, in: *Discourses on Nations and Identities*, hrsg. von Daniel Syrovy, Berlin 2021, S. 355–370.

»Reaktionäre oder progressive Aufklärung? Christian Fürchtegott Gellert, Sophie La Roche und Christoph Martin Wieland zu postkolonialer Aufklärungskritik«, in: *Die Gegenwart der Gewalt und die Macht der Aufklärung. Festschrift für Jan Philipp Reemtsma*, hrsg. von Susanne Fische, Gerd Hankel, Wolfgang Knöbl, Springe 2022, S. 92–124.

»Das Patriarchat der Stimme«, in: *Patrix. Patriarchale Systematik und ihre moderne Verdinglichung*, hrsg. von Tina Hartmann, Elena Köstner, Bielefeld 2024, S. 89–116.